中國美術分類全集

# 中國青銅器全集

8

東周2

中國青銅器全集編輯委員會 編

# 《中國青銅器全集》編輯委員會

# 凡例

一　《中國青銅器全集》共十六卷，主要按時代分地區編排，力求全面展示中國青銅器發展面貌。

二　《中國青銅器全集》編選標准：以考古發掘品爲主，酌收有代表性的傳世品；既要考慮器物本身的藝術價值，又要兼顧不同的器種和出土地區。

三　本書爲《中國青銅器全集》第八卷，選錄春秋晉和戰國韓、趙、魏及其周圍地區戎狄青銅器精品。

四　本書主要內容分三部分：一爲專論，二爲圖版，三爲圖版説明。

# 目錄

**圖版説明**

# 晉及韓、趙、魏青銅器概述

陶正剛

西周初年，周成王滅唐，『封叔虞于唐』（《史記·晉世家》），稱爲唐公，其子燮父以堯墟南有晉水，改稱晉侯，開創了晉國的歷史。《史記·晉世家》又載：『唐在河汾之東，方百里。』據《左傳》云叔虞『封於夏虛』，即表明晉國初年位于黄河、汾河之東，這裏曾是夏統治區。根據考古資料，晉國的始封地在今霍山以南，絳山以北，東至翼城，西至黄河，方圓百里的範圍內。這個範圍內已知的大型西周遺址有洪洞坊堆、崇山（塔兒山）南麓的天馬——曲村、翼城葦溝——北壽城、翔山北坡下的古城等。在曲沃曲村被盗掘的晉侯墓地的搶救性發掘中，僅從劫後殘餘的銅器銘文上，可辨者有三位晉侯，他們是『晉侯福』即厲侯，『晉侯蘇』即獻侯，『晉侯斷』即文侯。還由此證實了曲沃曲村一帶即爲早期晉都『唐』的所在地①。

隨着周平王的東遷，歷史進入東周時期。此時周王室衰微，不再有控制諸侯的力量。晉侯在國內舉賢授能，對于胥、籍、狐、欒、先諸家族，委以重任，又聘用姬姓優秀人才執掌宮廷職務，進行政治上的改良；對外聯合中原各國，遏制戎狄和荆楚，兼并土地。因此晉國很快出現『政平民阜，財用不匱』的局面，奠定了晉國稱霸的基礎。晉昭侯元年別封文侯弟成師（桓叔）于曲沃，自此曲沃逐漸强大。繼而曲沃獻公取代晉侯入主晉都，擴充軍隊，先後吞并霍、魏、耿、虢、虞諸小國，打敗赤狄，建立春秋霸業。至晉景公遷都新田，晉悼公向北擴張到霍山以北之時，即晉國中晚期，它已擁有今山西中部、南部和河南、陝西、河北的大片河山，雄踞中原，成爲與齊、楚、秦并列的四大强國之一。

春秋晚期，社會發生大變革、大動蕩。晉國六卿韓、趙、魏、知伯、范和中行，在相互兼并中擴張勢力，逐步取代晉侯。韓、趙、魏分晉自立，晉君地位下降，成爲三國的附庸。公元前四〇三年，韓、趙、魏迫使周天子承認他們列爲諸侯，公元前三六九年晉桓公爲韓國所殺，名存實亡的晉國終歸滅亡，中原地區步入韓、趙、魏三國統治的三晉時期。戰國中期，韓、趙、魏三國的疆域進一步擴大。趙武靈王『胡服騎射』開拓北疆，直達今山西北部和內蒙古呼和浩特一帶，使趙的版圖延伸至今陝西東北部，山西的中部，河北南部，兼有河南的北端以及山東的西部地區。魏在戰國中期受到秦向東擴張的壓力被迫放棄黃河以西，其疆域在今陝西的韓城南部和渭河之濱的華陰一帶，山西的西南部，河南的北部，兼有黃河以南部分沿河地區，以及河北的大名、廣平間，山東的冠縣等地。韓國疆域則有今山西東南部，河南中部，環處于周的東、北、南三面，西和秦、魏交界，南與楚分野，東南則和鄭、宋諸國爲鄰。可以看出，韓、趙、魏三晉雖然是晉國分立而成，但其版圖比春秋時期的晉國大大向外擴展了，成爲名副其實的中原大國。

## 一　晉及韓、趙、魏青銅器的出土及考古發掘

位于中原地區的東周時期晉及韓、趙、魏古文化遺址、古墓葬出土文物是十分豐富的。其中青銅器因數量衆多，工藝精湛，歷來爲人們所矚目。據史籍記載，早在漢武帝元狩元年（公元前一二二年）山西萬榮后土祠即發現過銅鼎，元狩七年（公元前一一六年）武帝認爲發現此物當有祥瑞，遂改年號爲『元鼎』。唐開元十年（公元七二二年）在后土祠又發現銅鼎，唐玄宗遂將原漢中府汾陰縣改名爲寶鼎縣。明清以來，山西出土銅器較多，重要者有今聞喜南王村出土的文癸敦、驫卣，太原出土銅鸚鵡（可能即爲今保存于美國弗利爾美術館的子乍弄鳥尊），偏關出土的丩卣，永濟出土的參父乙盉，萬榮后土祠出土的𪒠鎛和郘鐘，代縣蒙王村出土的吳王光鑑，以及石樓賀家坪、忻州連寺溝、渾源李峪出土的彝器等②。以上歷代面世的青銅器，或是農民在田間耕作偶然發現的，或是盜墓所出，其中絕大部分現已流落國外，分別爲美、英、法、日等國的著名博物館收藏。中國北京、上海、台灣一些大的博物館尚保存極少數。

一九四九年中華人民共和國成立以後，隨着工農業生産基本建設的進行，有數十處東周遺址和墓地被揭露出來。迄今爲止，發掘春秋墓約一千五百餘座，戰國墓二千餘座。其中，出土了大批東周時期晋及韓、趙、魏青銅器。現擇要介紹如下：

第一，曲沃曲村遺址。八十年代發掘，遺址的年代貫穿晋國始終，而以西周中晚期至春秋早期最繁榮。面積約一千萬平方米，尤以位于遺址中心腹地的晋侯墓地的發掘最重要。晋侯墓地墓葬排列有序，爲大型甲字形墓，分南北兩排共八組十六座墓，均爲夫妻并穴的合葬墓。根據發掘者的分析，最早一組墓相當于西周昭、穆王時期，最晚一組墓相當于西周末春秋初兩周之交。爲研究晋國早、中期歷史和青銅藝術成就提供了寶貴的實物資料③。

第二，聞喜上郭村、邱家莊遺址。七十年代至八十年代經四次調查和發掘。古城址發現于上郭村小學附近，同時發掘古墓二百餘座，出土文物五百餘件，時代相當于西周晚期至戰國中晚期。出土青銅器有鼎、豆、壺、盤、匜、車等。尤以西周晚期春秋早期的筍侯匜、賈子匜、陳公孫寣父旅壺、董矩方甗、刖人守囿輓車和帶流的匜鼎，以及春秋時期的兩組龍紋編鐘和敦、壺等最重要。聞喜上郭村、邱家莊遺址是古曲沃所在地。《漢書．地理志》記載：『河東郡聞喜縣，故曲沃。』晋昭侯元年將此地封與成師（桓叔）。

第三，侯馬晋國遺址。五十年代中期至今，進行了若干次大規模勘察和發掘，面積達三十三平方公里。現查明其平面布局包括四個方面：1、包括白店、平望、牛村、臺神、馬莊、北郭馬、呈王等地的古城遺址。2、牛村古城南郊規模宏大的手工業作坊區。這裏專業分工明確，發現有鑄造禮器、工具、貨幣、車馬器等各種類型鑄銅作坊，製造生活用具、建築磚瓦的製陶工場以及琢玉、製造骨工具、石圭的作坊等。3、古城區以東的宗廟及祭祀群遺址。包括宗廟、盟誓、殉人、祭祀等各種禮祭場所。4、澮河南岸的上馬村、柳泉等墓地。侯馬盟誓遺址出土的侯馬盟書誓文中直指此地爲『晋邦之地』。《左傳．成公六年》（晋景公十五年）記載：『夏四月，丁丑，晋遷新田。』侯馬晋國遺址即爲晋國晚期都城新田的所在地。

侯馬上馬村墓地，從一九六一至一九八六年間，清理墓葬達一千四百餘座。此墓地時代跨度大，從西周中晚期至春秋晚期、戰國早期，前後逾四百年。這是中國首次對一個東周墓地作

太原金勝村趙卿墓地發掘現場

全面系統的發掘，此舉對研究當時社會習俗、喪葬制度、階級關係、族墳墓制、宗法制都有着重要意義。這裏的銅器墓均集中于墓地北部高臺之上，以一九六一年發掘的十三號墓規模最大。此墓隨葬器物達三百六十餘件，出土銅器有鼎、甗、簋、壺、簠、舟、鑑、盤、匜、小尊和甬鐘，屬七鼎墓，其中有兩件徐國庚兒鼎。墓地還有小貴族的三鼎墓。此墓地屬于萬民所葬的邦墓，歸墓大夫掌管④。

第四，長治分水嶺墓地。一九五五年至一九七二年間，經三次發掘。共發掘古墓五十餘座，出土文物千餘件，僅青銅禮樂器就有二百餘件。其中犧背立人擎盤、錯金豆、錯金匜和一組九件夔鳳紋編鐘等最爲精彩。據《史記》、《戰國策》記載，長治地區春秋時期屬晉，戰國時期稱『上黨』，韓、趙、魏三家分晉至秦昭王四十七年（公元前二六〇年）前屬韓，曾是韓的別都，以後又爲趙所占。因此長治分水嶺春秋時期墓葬屬晉墓，戰國早期墓葬屬韓，而晚期墓葬則屬趙。

第五，太原晉陽古城和金勝村墓地。一九六二年對太原南郊晉源晉陽古城址進行了勘察。一九八七年至今，在古城北發掘了金勝村趙卿墓地，共清理古墓百餘座，出土青銅禮樂器三百餘件。特別是趙卿宗族墓群及其附葬的車馬坑的發掘，是近年來晉國古墓葬最重要的發現。趙卿墓地出土三千餘件文物中，青銅禮樂器就達一百四十餘件之多，包括迄今所見春秋時期最大的鑊鼎一件，羞鼎五件，升鼎三組，分別爲七、六、五件套；編鎛十九件套；另有華蓋大方壺、蟠龍紋大鑑、鳥尊、匏壺、灶、銅量等精品。幾座戰國時期趙卿宗族墓中出土的青銅器也十分豐富，有鑲嵌紅銅鳥、蟠龍紋壺和僅次于趙卿墓大鑊鼎的銅鼎，以及帶有烟囱的巨大鼎蓋和雙鳥首形鳩杖首。趙卿宗族墓地是目前晉國墓葬中保存最完整、規模最大、出土文物最豐富的貴族墓地。此墓地位于趙氏早期封邑晉陽故城址北二點五公里。

第六，河南輝縣固圍村墓地。包括三座大墓，規模最大的二號墓居中，稍小的三號墓和一號墓東西相對，西側另有南北并列的兩座陪葬墓。這裏應是魏國中期魏王和王后的墓。墓上有享堂基址，早年被盜，殘存有錯金銀獸首軏飾等精品⑤。

在輝縣琉璃閣、趙固、諸邱發掘的一批中型魏國墓葬中以趙固一號墓形制較大。出土青銅

太原金勝村趙卿墓棺槨及文物出土情況

器有宴樂射獵紋鑑和花紋繁縟的雲雷紋提梁壺等。琉璃閣還發掘了一座有十九輛車的大型車馬坑。

此外，在山西發現和發掘的東周墓地多達四十餘處，有萬榮廟前后土祠、長子城關孟家莊、運城南相、渾源李峪、原平峙峪和劉家莊塔崗梁、潞城潞河、沁水城關、臨猗程村、夏縣禹王城、平陸張店、芮城壇道、侯馬喬村和北平望、垣曲龍王崖、榆次猫兒嶺、忻州忻口、代縣城關和蒙王村、靈邱城關等。在河南發掘的有韓國的新鄭故城、墓地和白廟范村兵器窖藏、登封告成鎮陽城、宜陽故城及其陵區等處。同時鄭州、陝縣、新鄉等地也發現了魏國的器物。在河北發掘的有邯鄲百家莊、邢台東董村、南大汪等趙國墓地，以及邯鄲的趙王陵。上述各地發掘出土了大批精美的青銅器，例如萬榮后土祠的王子于錯金銘文戈，潞河兩軍格鬥線刻匜、獸足方盤，新鄭大批銘文戈，榆次猫兒嶺包金、貼金和錯金的各式帶鈎等。另外在昔陽閻莊，原平劉莊和塔崗梁，代縣城關，沁水城關還出土了與晉式銅器有别的戎狄文化的圓壺、豆形器、附耳鼎、獸首短劍、環首刀、鎬等，爲研究晉及韓、趙、魏文化和周圍地區戎狄文化提供了極爲重要的青銅實物資料。

## 二　晉及韓、趙、魏青銅器形制的時代特徵

中國青銅器的發展淵遠流長，自夏代起，經歷了商、西周、春秋和戰國幾個歷史階段。在漫長的歲月裏青銅器的發展演變可概括爲萌生期（夏代）、育成期（商代早期）、鼎盛期（商代晚期至西周早期）、轉變期（西周中晚期至春秋早期）和更新期（春秋中晚期至戰國）。

西周時期，地處黄河中游的晉作爲周室一個重要的諸侯國，其青銅文化繼承了西周的傳統。進入春秋時期，晉國日漸强大，在文化上逐漸形成自己的特色。青銅藝術有了飛快發展，器物造型及紋飾主題清新秀逸，不同凡響，各種先進工藝技術相繼出現，率先進入了中國青銅器發展的更新期。春秋中期至戰國晉及韓、趙、魏青銅器由傳統的西周青銅藝術風格轉變爲富有區域性和地方性的青銅藝術風格，并逐步形成以晉和三晉爲中心，包含其鄰近的東周、鄭、

虢、虞、筍等區域的中原地區青銅文化類型。

晉及韓、趙、魏青銅器的組合和分期。西周早期和中期青銅器基本繼承商代形制，常見器形：炊食器有鼎、甗、簋，而鬲、豆極少見。酒器有觚、斝、爵、角、盉、觥、觶、罍、斗、卣。水器有壺等。西周中期以後商代銅器渾厚、典雅的傳統被冷落，漸趨消失，而以輕薄草率之風代之。禮器重酒體制改爲重食體制。器物的主要組合，除以鼎、甗、簋爲主外，飲食器新出現了簠、盨；酒器觚、爵、斝消失，新出現了杯；水器中增添了盤和匜；樂器有了甬鐘。青銅器上的長篇銘文減少。到了西周晚期、春秋早期，主要器物組合有鼎、甗、簋、簠、盨、盆、鬲、杯、匜、瓶、尊和盤，樂器出現了成列的編鐘，已有大小相次、形體一致的八件組合形式。以曲村晉侯和貴族墓地、聞喜上郭村、洪洞永凝堡出土銅器最具代表性。如上郭村出土精緻的刖人守囿輓車、四輪小車、四奴抬櫃方鼎。曲村出土成列的兔尊和編鐘，編鐘銘文長達四十餘字，記載了晉侯對外征伐的業績。

春秋中期至戰國時期，是晉及韓、趙、魏青銅器中興繁榮時期，青銅器形成具自身特點的中原類型體系。此期的青銅器遺存多而著名，最主要的發掘地點有山西侯馬上馬村、聞喜上郭村邱家莊、長治分水嶺、萬榮廟前、長子、潞河、太原金勝村，河南輝縣固圍村，以及周鄰地區的山西昔陽閻莊、原平峙峪和塔崗梁等地。這些地區墓葬延續時代長，大致上可分爲五期。

（1）春秋中期，約公元前六世紀。以侯馬上馬村墓地一二八四、四〇七八、一三、五號墓，長治分水嶺二六九和二七〇號墓爲代表。

（2）春秋中期偏晚，約公元前五世紀。以萬榮廟前春秋墓，侯馬上馬村一五、四〇〇六、四〇九〇號墓，聞喜邱家莊一三號墓爲代表。

（3）春秋晚期，約公元前五世紀末。以太原金勝村趙卿墓，長子一、二、七號墓爲代表。

（4）戰國早期，約公元前四世紀。以潞河七號墓，長治分水嶺二五、一二號墓爲代表。

（5）戰國中晚期，約公元前三世紀。以長治分水嶺三六號墓，侯馬喬村圍墓溝墓和聞喜上郭村戰國墓爲代表。

春秋中期至戰國時期墓葬形制，一至四期均爲土坑豎穴墓。五期的侯馬喬村圍墓溝墓、戰國晚期墓和聞喜上郭村戰國墓都出現洞穴式墓葬形制，隨葬器物均爲銅、陶器兩組，而以陶器爲主。銅器雖然爲鑄造，但胎體薄，含錫、鉛量增加，顏色略呈淺灰色，較爲脆弱，花紋簡陋，素面居多，保存較好者很少。然而隨葬器物中已開始出現日常生活用具簸箕、方壺、扁壺、鐘、鍪等新的器形。晉國青銅器在春秋初期除繼承西周時期的鼎、甗、罍、鬲、簠、盆、盤、平盤豆的組合形式外，新添敦、帶蓋豆、方座形豆、提梁盉、尊、鳥獸形尊、舟、壺、缶、鑑、匜鼎等器類，盨消失。逐漸地，春秋中期由鼎、簋、舟、盤、匜改爲鼎、豆、罍、壺、盤、匜，或鼎、豆、壺、盤、匜、盒、舟、簋等組合形式。

從中國青銅器的發展看，春秋中期以後，隨着人們認識水平、審美觀念的變化，開始擺脱對神的崇拜而肯定人的地位和重要性，器物逐步趨向實用性，以方便人們生活的需要爲目的。此時，以晉及韓、趙、魏爲中心的中原青銅器類型形成，它明顯地同南方楚器、北方燕器、西方秦器有了差異，而獨具特色。

晉及韓、趙、魏青銅器可以分爲禮器、雜器、兵器、工具、車馬器、樂器六大類，除此而外還有非常發達的貨幣類型，現擇要介紹如下：

（一）禮器類

種類很多，又可分爲蒸飪器鼎、鬲、甗；盛食器簋、簠、豆、敦；酒器壺、罍、盉、舟；水器盤、匜、鑑等。

（1）蒸飪器

鼎是禮器中數量最多、時代特徵最明顯的器物。鼎又可細分爲用于蒸飪的鑊鼎，用于祭祀、供席間陳設牲肉、魚臘的升鼎，用于備調料加饌的羞鼎，以及用作食器的小鼎。太原趙卿墓中安放的鼎已達二十七件之多，各種鼎均有較明確的使用功能。西周到春秋早期，根據《周禮》規定，貴族舉行祭祀、宴饗活動時，按照主人社會地位、等級身份，用鼎數都嚴格規定。天子用大牢九鼎，諸侯和卿大夫用七鼎或五鼎，士用三鼎。用簋數與用鼎數相配伍，一般是九鼎配八簋，七鼎配五簋，五鼎配四簋，三鼎配二簋。這種制度到春秋中期以後，發生了變化。

經濟地位上升、權力增大的各級貴族競相衝破束縛，先由諸侯僭用天子禮制，後是卿、大夫爲己所用，這種情況在晉國歷史上反映十分明顯。

鼎在器形上變化較大，西周晚期春秋早期，過去常見的立耳、平唇、腹較深呈長方或扁形、口小底大、柱足鼎的早期形式逐步減少，附耳鼎增加很快，柱足則改爲兩頭寬中間細的半圓形瓦狀蹄足，以侯馬上馬村一二八四號墓出土的鼎爲代表。春秋中期以後，鼎多加蓋，作附耳。足也都改作獸蹄形。中期鼎腹較深，高足；晚期腹較淺，呈扁圓形，蓋覆鉢形，頂上有三鈕，矮足，以侯馬上馬村一三號墓的圓蓋鼎爲代表。春秋晚期至戰國時期，多爲圓蓋聯襠鼎，腹形似扁球體，襠離地越來越近，以太原金勝村趙卿墓的牛頭蟠龍紋鼎爲代表。戰國中期鼎的形狀愈加肥碩，足矮粗，襠低，以長治分水嶺三六號墓鼎爲代表。

鬲在春秋早中期開始增多，但與鼎相比，出土數量少。春秋晚期以後，鬲不再是人們生活中的主要器皿。一般春秋早中期大型墓中出鬲六件，而中、小型墓中出三件或一件，很多墓不出鬲。春秋中期以上馬村一三號墓鬲爲代表，形式爲寬折沿，束頸，弧襠，足窩下凹，高足，似獸蹄形，腹部有三個月形扉棱。春秋晚期鬲的襠向低矮發展，以太原金勝村趙卿墓鬲爲

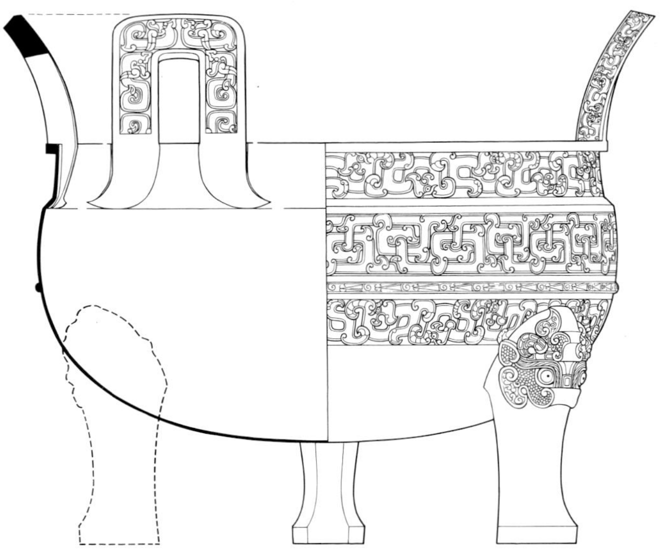

太原金勝村趙卿墓出土的牛頭蟠龍紋鼎

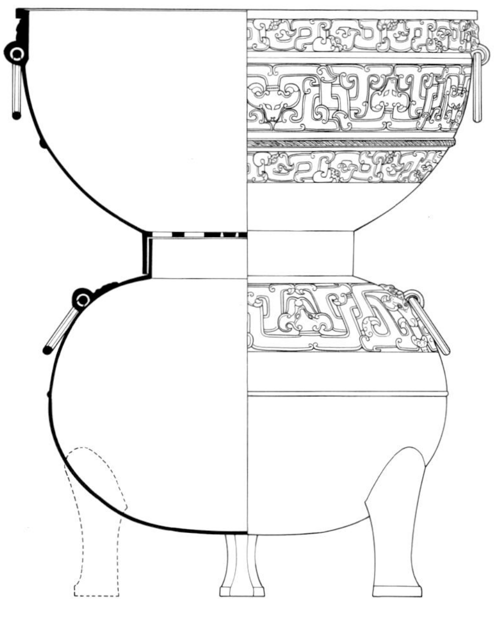

太原金勝村趙卿墓出土的蟠龍紋甗

代表，形式爲寬沿，斂口，束頸，微鼓腹，腹壁上有三個卷龍形扉棱，平襠，蹄足，無足窩。戰國時期以長治分水嶺二五號墓鬲爲代表，其腹部下半部呈弧形，底略大，平襠，三個半圓形瓦狀蹄足。

甗是人們日常生活中的常用器。西周早中期爲上甑下鬲的連體形式，西周晚期春秋早期又新增甑、鬲分體的方形四蹄足甗，以聞喜上郭村出土的董矩方甗爲代表。春秋中期以後，連體甗和方形分體甗消失，代之以圓形分體甗，以上馬村一三號墓甗爲代表。上爲大口甑，唇外卷，腹深呈弧形壁，甑底有長條形箅孔。下爲鬲，直唇套入甑底，圓肩，鼓腹，平襠，足較高，肩部有一對鋪首啣環。春秋晚期戰國初期，甗均爲圓形分體形式，甑底鑄圓形輻射狀箅孔。圈足外撇，鬲直口，寬肩，鼓腹內收，啣環耳，三個矮蹄足，以太原金勝村趙卿墓甗爲代表。戰國中晚期甗已少見。

（2）盛食器

簋是盛黍稷的禮器，西周晚期春秋早期之前常見的形式爲敞口、雙耳或四耳方座簋。西周晚期春秋早期時的簋幾乎都加蓋，而圈足下也常加三個扁形小足。曲沃曲村晉侯陵出土的晉侯斷簋，覆盤形蓋，上有圓形捉手，器身弇口，束頸，鼓腹，圜底，圈足，頸腹間置一對附獸垂珥鋬，圈足下連方座。蓋與器銘文相對，爲『隹九月初吉庚午，晉侯斷乍匋毁，用享于文祖皇考，其萬億永寶用』。春秋中晚期、戰國初期，簋的形式簡化，以侯馬五號墓出土的素面簋爲代表。此簋隆蓋，喇叭形捉手，蓋沿下作三小鹵。折沿，束頸，鼓腹，圜底，雙環耳。長治分水嶺二六號墓出土雙合式簋，器和蓋爲一對有圈足的雙耳鉢，器、蓋相同，扣合。輝縣甲、乙墓出土方座無耳簋，覆鉢形蓋隆起，圓捉手，器身敞口，唇外卷，深腹，圜底，圈足連方座。

敦是春秋中期中原地區新出現的器形。蓋腹扣合後呈圓球狀。以上馬村一三號墓出土敦爲代表。此敦覆鉢形蓋，上置三個環形鈕，唇短外卷，鼓腹扁圓，圜底，蓋腹扣合呈圓球狀。肩腹部飾有環耳，下接三小蹄足。戰國早期出現雙合式敦，以長治分水嶺二五號墓敦爲代表。此敦蓋、器均作成直口，束頸，鼓腹，圜底，雙環耳，三蹄形足。長治分水嶺一二號墓出土兩件敦，蓋器兩者扣合後呈卵形，腹壁各置對稱素環，各有三足，蓋鈕作獸形環，與楚式敦相近。

簠是西周中期後中原地區新出現器形。侯馬上馬村四〇七八號墓出土斜壁式簠是目前在晉文化中見到最早的簠。春秋早期簠變爲折壁式，以長治分水嶺二六號墓出土的折壁折沿式簠爲代表。此時開始出現折壁直口式簠，以侯馬上馬村五二一八號墓出土的折壁，直口，無耳簠爲代表。春秋中期簠的代表作有侯馬上馬村一三號墓簠。此簠直口，折壁，矩形圈足，圈足四邊各有一段缺口，腹部的短邊處置一對環形耳，短壁口沿處設一對卡牙。春秋晚期至戰國時期簠體由近似方形變成長方形狀。長徑加長，腹部變淺，以太原金勝村趙卿墓簠爲代表。目前所見最晚的簠是潞城潞河七號墓簠，此簠直口，直頸，折壁，斜腹較淺又扁長，四個單體矩形足。

豆在晉銅器中直至西周晚期才見到，春秋中期以後，數量激增，類型開始多樣化。西周晚期春秋早期淺盤豆以聞喜上郭村的爲代表，此豆淺盤，直壁，平底，粗柄，束腰，喇叭形足。這種豆也稱爲籩。春秋中期以後，特別是春秋晚期，豆有四種型式：①高柄蓋豆。以侯馬上馬村一五、四〇九〇號墓出土高柄蓋豆爲代表。爲隆蓋，盤較小，喇叭形捉手和圈足，柄細而高，環形耳。②矮柄蓋豆。以太原金勝村趙卿墓蟠蛇紋豆爲代表。形同高柄蓋豆，但柄縮短。這類豆數量最多。③方座豆。以潞城潞河七號墓夔鳳紋方座豆爲代表。此豆上爲矮柄豆，下接方形座。④淺盤高柄豆。以潞城潞河七號墓豆爲代表。爲淺盤，平底，無蓋，高柄，喇叭形圈足。

（3）酒器

商、西周早期以來流行的大量酒器如爵、斝、觶、觚等到春秋早期都已消失，而壺和罍却長期使用不衰，器形也不斷變化。舟從春秋中期後出現，盉到春秋晚期漸多。

壺在晉銅器中的最早發現是翼城鳳家坡出土的有蓋貫耳壺。春秋時期壺主要器形有六種。①方壺。西周中晚期流行方壺，以曲沃曲村晉侯斷壺爲代表。此壺平面呈圓角長方形，山字形華蓋和波帶狀山形捉手，長頸，垂腹，大圈足，頸部雙龍套環大耳。蓋內鑄四行二十六字銘文，稱此器爲『晉侯斷』所作『隮壺』。這種方壺形式在春秋中期、晚期仍繼續流行，但有逐

太原金勝村趙卿墓出土的蟠龍紋華蓋方壺及蓋上的蓮花瓣造型

步減少的趨勢，至戰國中期消失。春秋中期的壺以侯馬上馬村一三號墓龍鳳紋壺爲代表。蓋頂鏤空斗形，四隅有伏獸，器身上爲直角方頸，下爲方形小鼓腹，頸腹界線分明，方座形鏤空圈足，兩耳作伏獸形，頸腹四角均飾鏤空龍形飾。春秋晚期以太原趙卿墓蟠龍紋華蓋方壺爲代表。此壺淺蓋蓮花瓣外侈，方頸細長，溜肩，矮圓腹，腹部最大徑下沉，矮方圈足。頸部兩側有大獸形耳。②圓壺。春秋中期以後，圓壺數量增加，器形也有多種，大有替代方壺的趨勢。壺蓋多作華蓋或隆蓋，獸形耳或鋪首啣環，矮圈足。侯馬上馬村一五號墓圓壺爲蓮瓣式華蓋，弇口，壺口外侈，粗長頸，溜肩，圓腹，最大徑在下腹部，獸形耳。潞城潞河七號墓圓壺爲隆蓋，正中有環鈕，用鏈將蓋和壺頸的鋪首啣環相連。壺身直口，溜肩，深腹，腹部最大徑在中部，平底，矮圈足。渾源李峪出土高浮雕鳥獸龍紋壺和輝縣琉璃閣出土的蟠龍紋貫耳壺是這一時期的精品。後者隆蓋，中心有環鈕，弇口，短頸，溜肩，圓鼓腹，平底。這兩件壺表面都有精美的高浮雕，裝飾着蟠龍紋以及夔龍、卧牛、立鳥、伏虎等多種動物形象。③提梁壺。以昔陽閻莊出土的提梁弦紋壺爲代表。此壺隆蓋，中央置環形鈕，兩側有鋪首啣環耳。壺身侈口，平沿，束頸，溜肩，鼓腹，平底，圈足。肩部雙環鈕，置有鏈狀提梁，提梁與鋪首啣環相聯接。在原平練家崗、渾源李峪村都曾有類似的提梁壺出土。時間稍早的壺，腹部最大徑在中

太原金勝村趙卿墓出土的高柄小方壺
及蓋部俯視、柄部展開圖

部，稍晚者最大徑靠近底部。④扁壺。數量較少，形似揹水壺。聞喜上郭村西周晚期墓葬曾有出土，延續至春秋晚期仍在使用，扁壺上的紋飾反映着强烈的時代特徵。一般器形爲扁圓角狀。直口，直頸，溜肩，圓腹，平底，肩部一對環形耳，下腹部的一側正中也設一環耳。輝縣琉璃閣出土戰國時期鑲嵌紅銅龍紋扁壺，平蓋正中置小環形鈕。器身扁圓形，小口，短頸，溜肩，鼓腹，平底。肩腹部共設四環形鈕。全身鑲嵌有紅銅龍、象和菱形界紋，異常美麗。在山西北部代縣發現的這類揹水壺，還有圓腹的，但是在肩部、下腹部一側置有環形鈕，功能同扁壺一樣。⑤鈁。戰國晚期出現。最精美者爲輝縣琉璃閣一號墓出土的銅鈁。此鈁敞口，頸微斂，溜肩，鼓腹，平底，圈足。在上腹部置鋪首啣環。身上裝飾七層花紋，用三角人字紋和蔓枝很長的卷雲紋間隔，而且均用陰、陽兩種花紋互相襯托，使之産生明暗對比，十分富麗。這種表現手法也是戰國晚期新興的。⑥高柄小方壺。春秋晚期開始出現。以太原金勝村趙卿墓出土的高柄小方壺最精緻。此壺四阿式盝頂蓋，各坡上均置一環形鈕。弇口，壺身平沿小方口，頸微束，溜肩，鼓腹，平底，高柄，上粗下細，喇叭形圈足。蓋正中方形面飾有二龍，構成卍形，壺身還有菱形和雙圈構成的幾何圖案。最精彩處爲柄上三組鶴、鳥紋圖案，生動活潑，栩栩如生。⑦匏壺。此壺造型仿佛天上的匏瓜星座，故名。以太原趙卿墓出土的匏壺爲代表。此壺壺蓋爲蹲坐鳥形，鷹鈎尖喙，雙爪抓小龍。壺口微侈，束頸，向一側傾斜，溜肩垂腹，矮圈足。肩腹一側設虎形提梁，虎口啣環，用鏈與鳥形蓋尾相聯接。鳥形蓋羽毛豐滿，瞠目張口，凶猛異常。壺身飾蟠蛇紋。戰國初期墓出土匏壺較多，一般較大的墓中都有一件。例如河南輝縣琉璃閣、山西潞城潞河、陝西綏德等地都曾出土。

罍爲盛酒器，晉國早期尚少見，到春秋中期以後逐漸增多。目前所見器形、紋飾最美者首推太原趙卿墓出土的蟠龍紋罍。此罍採用高浮雕花紋裝飾，是極爲少見的藝術精品。罍在戰國時期仍有出現，但趨簡化，以素面者爲多。戰國中期以後消失。

盉從西周中期起，至戰國早期一直少見，一般大中型墓葬中才有。春秋早期的盉，隆蓋，直流，體扁圓，四足，獸形鋬，鳥形蓋。春秋中晚期，以長治分水嶺二六九、二七〇號墓中的兩件盉最典型。其形式爲隆蓋，虎形提梁。小口，直頸，圓形腹，獸蹄足。流作彎形夔龍狀，昂首張口，十分凶猛。

太原金勝村趙卿墓出土的蟠蛇紋匏壺
及壺口與蓋榫卯結合情況

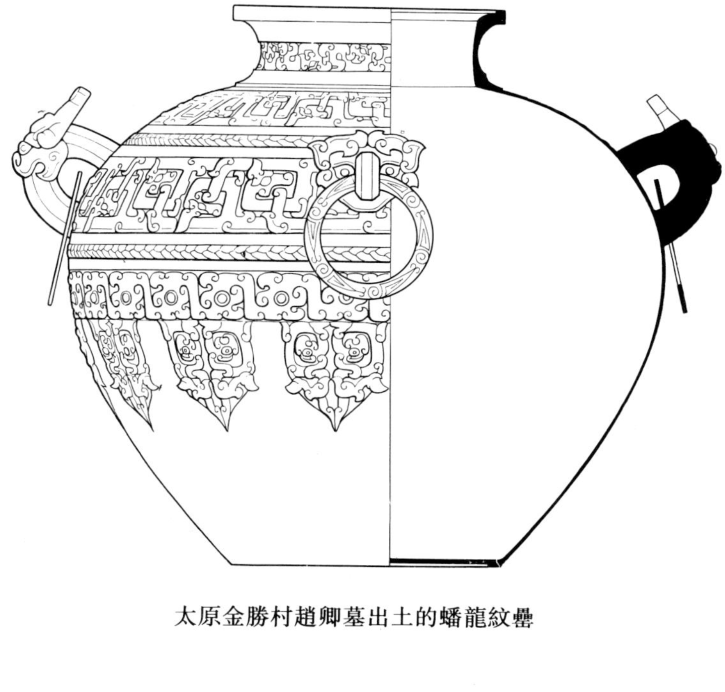

太原金勝村趙卿墓出土的蟠龍紋罍

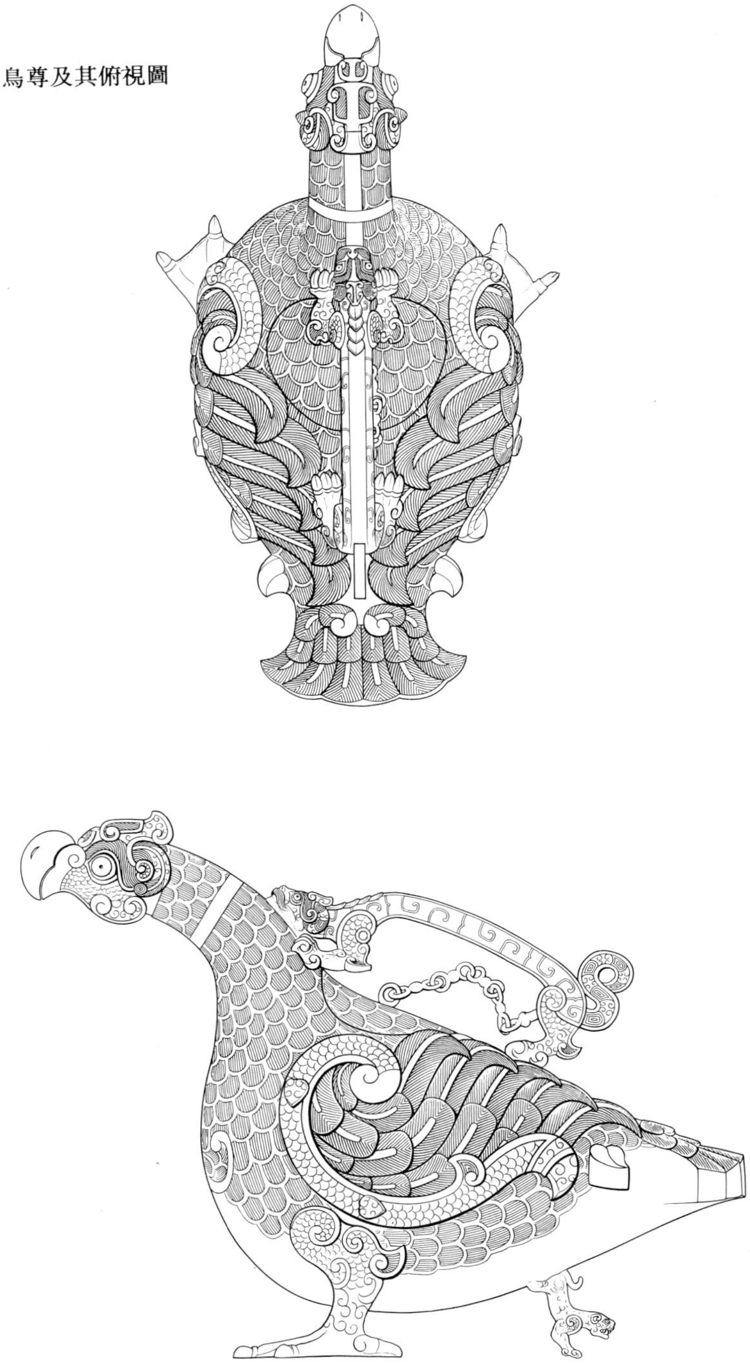

太原金勝村趙卿墓出土的鳥尊及其俯視圖

舟是飲酒器，爲春秋中期以後出現的新器形，一般每墓必出。舟體呈斂口橢圓形，腹部設一對獸首形環耳，平底。戰國時期，平底的舟改作矮圈足形式。春秋中期以長治分水嶺二六九、二七〇號墓，上馬村一三號墓出土的舟爲代表。春秋晚期戰國早期則以太原趙卿墓、潞城潞河墓出土的舟爲代表。

鳥尊是較爲少見的貯酒器，形態美觀。太原趙卿墓出土的鳥尊和保存在美國弗利爾美術館的子乍弄鳥尊，均作成昂首挺立的鳥形，頭上有冠，雙目圓睜，尖喙，雙腿直立，足掌上有蹼，羽毛豐滿，高浮雕，造型生動，栩栩如生，堪稱藝術佳品。

（4）水器

盤在商代即已流行，西周時期作爲宴享時必備的禮器，西周晚期起與匜相配合成一組盥器。盆是西周晚期春秋早期開始大量生産的用器，鑑則是春秋時期才出現的新器形。

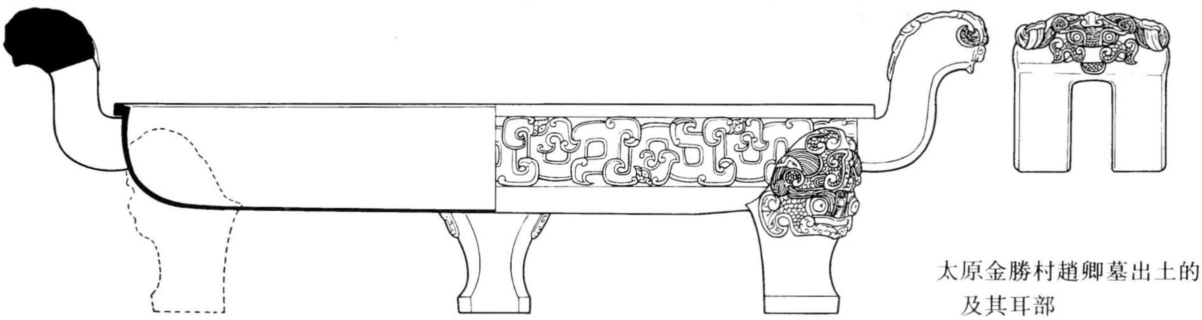

太原金勝村趙卿墓出土的獸耳盤及其耳部

盤在西周末春秋早期繼承舊有形式，大都是附耳淺腹圈足式，有時圈足下加三個小蹄足。春秋中期以後，晉及韓、趙、魏的盤可分爲四種類型。①圈足盤。以上馬村四〇七八號墓盤爲例，侈口，寬折沿，斜弧形壁，附耳，平底，高圈足或矮圈足。②三足盤。春秋中期以後應用最多。以上馬村一三號墓出土盤爲例，折沿，淺腹，方形附耳，平底，三獸蹄足。也有將三蹄足改爲三錐尖足的。③折腹平底盤。戰國時期才出現，一般胎薄而質脆，保存極差。以長子七號墓盤爲例，折沿，直壁，平底，有一對連環耳。④長方形盤。出土數量很少，但均爲精品。以潞城潞河七號墓出土犧牲足大長方盤爲例，折沿，方唇，平底，兩長邊的外壁各附一對獸面鋪首啣環。盤四角下接四個柱形怪獸頭，分別接四小犧獸。故宮所藏龜魚方盤更是美不勝收的藝術精品。此盤平底下接四伏虎形足，盤內底以蟠龍紋、雲紋作地，滿飾高浮雕的龜、魚、蛙等動物。盤外壁在雲紋中間飾浪花狀蟠蛇紋和各種高浮雕禽獸形象。

匜爲春秋時期廣泛使用的器物，早期形態好，晚期差。春秋早期以聞喜上郭村出土的筍侯匜、賈子匜較爲典型。匜體呈瓢形，前流後鋬，方底，四個片狀獸形扁足。春秋中期，匜體均作長方形，晚期以瓢形居多。侯馬上馬村四〇七八號墓出土長方形匜爲上翹敞口流，半環獸頭形鋬，四足，前兩足扁形，後兩足呈獸蹄狀。春秋中期以後，匜逐漸由敞口流改爲合口流，多作成虎或獸頭，橢圓形體，深腹，獸形鋬，下接三個低矮的獸蹄足。以太原趙卿墓虎頭形匜爲代表。戰國時期出現瓢形匜，以潞城潞河八號墓出土匜爲代表。此匜敞口流，環形足，內壁線刻精美的紋飾。流上刻魚，底刻海蛇，腹壁有人物射禮宴饗形象。戰國中晚期的匜一般作桃形，平口，圜底，下接三個環形足，素面。

匜鼎是西周末春秋初期出現的新器形。聞喜上郭村發現有一批匜形鼎，器形較小，似玩具。侯馬上馬村一四號墓匜形鼎是目前所見時代最晚者，其形式爲大口，深腹，圜底，附耳，獸蹄足，蓋上面置猴、狗或鳥等動物作鈕。

鑑是盛水器，春秋中期以後出現。晉器中最早的鑑出土于侯馬上馬村一三號墓和長治分水嶺二六九、二七〇號墓。其形式爲大口，寬沿，四耳或雙耳，深腹，弧形壁，平底。沿下和腹壁飾有竊曲紋和蟠龍紋，耳飾獸面紋。太原趙卿墓出土的春秋晚期鑑，腹壁稍直，口沿窄，紋飾以蟠龍紋、蟠蛇紋爲主。鑑在戰國中晚期幾乎消失，偶有發現質量也甚差。

（5）禮祭器

主要用于祭祀，作爲權力的象徵。青銅權杖首，首次發現于太原金勝村東周晉國地區的趙氏宗族墓群中，安放在內棺墓主人身旁。權杖頭作兩鳥首背向相聯狀，中間與銎相結合，便于固定在木杆上面。今觀銎洞內仍含木質殘屑。在世界範圍內，年代如此久遠的青銅權杖首，目前可能是唯一的發現。

火格，狀似有漏孔的簸箕，古人在祭祀中用作禮器。以太原趙卿墓火格爲代表，此火格作簸箕狀，帶有銎柄，箕底漏孔呈C字形。

（二）雜器類

晉及韓、趙、魏青銅器中還有一部分製作精巧、功能多樣的生活用具和玩具，如灶、氈帳頂、炭盤、輓車、帶鉤，也頗具特色。

灶，以太原金勝村趙卿墓出土灶爲例，由灶體、釜、甑和四節烟囱組成，既可組合又能分開。灶體作虎形，張着大口，背上設灶眼，頂端設烟道口，灶膛內壁有掛泥的小刺，用于爐體搪泥。灶既便于燃燒用以蒸煮食物，又是冬天禦寒的烤火設備。灶眼上放有用于燒水的釜，釜上面置蒸食的甑。全器均飾蟠龍紋和羽紋等。是一件既美觀又實用的青銅用具。

氈帳頂是行軍途中所用帳篷的中心柱頂。太原金勝村趙卿墓、長治分水嶺墓和原平墓三處均有出土。太原趙卿墓氈帳頂，作覆盆狀，周圍有十一個長方形眼，每個眼都鑄有半圓環，環上連接鴨形扣，用于拴結帳篷的繩扣。下連圓柱狀銎，以連接木柱，支撐行帳。

炭盤在太原趙卿墓、長治分水嶺二六九號墓、潞城潞河七號墓中均有出土。一般爲斂口淺腹直壁，圜底，下接三個獸蹄足。腹壁有一對環形耳，掛銅鏈，供提携用。是很實用的烤火用具。

輓車，是一種車輛模型玩具。聞喜上郭村出土的西周晚期春秋早期刖人守囿輓車，車體作方箱式，門上有四個可任意轉動的小鳥。箱蓋捉手塑造成蹲坐的猴子，似在管理小鳥。車箱四角有四隻回首顧盼的熊羆，兩側中部俯伏一對小虎。車箱兩幫還裝飾兩對振翅欲飛的小鳥。車有六輪，前面一對卧虎抱四個小輪，後裝一對大輪。製作最精美的是車箱的後扉門，上嵌一個赤身裸體的守門刖人，左手拄拐，右手挾持門閂，門可開合。車箱前幫置一鋪首啣環，可作牽引之用。此車上面的虎、熊、鳥、猴等十四種動物，象徵着『域養禽獸』的苑囿，門扉上的刖人則是《周禮》『刖者使守囿』的具體形象。全車可以轉動的地方有十五處之多，是我國青銅器中的稀有珍寶。

帶鈎在春秋晚期開始出現，戰國時期幾乎每墓均有，用于服飾上結扣。帶鈎在戰國時使用頗廣，流行于各地。器形很多，有竹節形，琵琶形，各類動物形等。有包金，貼金，鍍金銀，鑲嵌玉和綠松石，高浮雕等品種。其中尤以榆次猫兒嶺出土的包金、鍍金、鑲嵌綠松石的各種動物形態的帶鈎最爲精美。

（三）兵器類

晉及韓、趙、魏墓葬出土文物中經常發現有大批青銅兵器，數量多，品種全，特徵明顯，發展序列比較清楚。其中一九八八年太原金勝村趙卿墓出土各種兵器逾千件。七十年代河南鄭韓古城白範村韓國兵器窖藏出土大量的戈、矛、劍等兵器，其中有銘文者達一百七十餘件。銘文中記載有韓國地名『陽人』、『陽城』、『雍氏』、『平陶』、『郙』、『梁』、『格氏』、『安成』、『東周』、『長子』等二十餘處。官名有『鄭令』、『司寇』、『工師』、『冶尹』等。是研究戰國時期韓國的地理、文字、冶鑄、職官、兵器形制和鑄造工藝的重要資料，從中也可以看到韓國對晉國青銅鑄造工藝的繼承和發展。

周代繼承商代晚期的戈、矛和鉞，又發展了匕首和周特有的鈎 戟等兵器。春秋時期增加了劍。隨着社會的動蕩，頻繁的戰爭，春秋晚期戰國時期的晉和三晉的兵器種類和數量都增加很快，式樣不斷翻新，還特別發展了長兵器的戟和刺。現分別敘述如下：

戈是晉及韓、趙、魏武庫中最多最重要的兵器之一，使用時間最長，分布地域遍及今山西及鄰近的河南、河北、內蒙古和陝西的晉國統治區。戈幾乎每墓必有，同時器形的變化也較多。周代主要繼承商式直援有銎短胡無穿戈和直援有銎戈，但開始出現長援直內短胡戈，胡上面有一穿到三穿。春秋早期戈以侯馬上馬村四〇七八號墓出土戈爲代表，其形式爲三角形鋒，

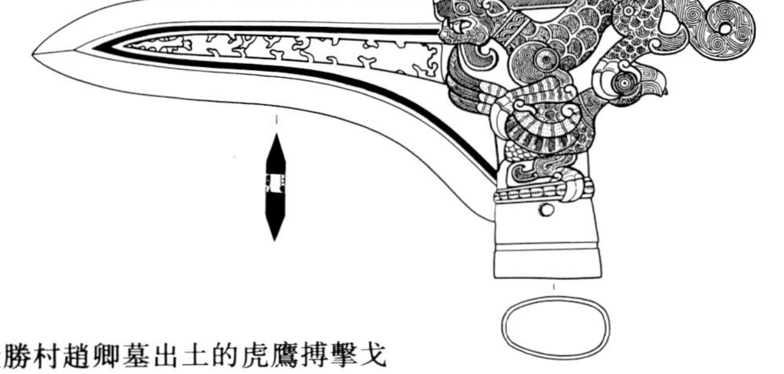

太原金勝村趙卿墓出土的虎鷹搏擊戈

長援，中脊較明顯，長胡，闌側有三穿，內呈長方形，右下角內收，有一長條形穿。春秋中期的戈，尖鋒弧刃，長援，脊隆起，斷面呈菱形，胡較短，闌側有四穿，內一穿，這種戈以長治分水嶺二六九號墓戈爲代表。春秋晚期，大量增加短援、短胡形戈，以長子一號墓戈爲代表。戈爲短援，方內，胡上有三穿。太原趙卿墓中以短援中胡的直內戈最多，長援尖方三角形援戈則少見了。虎鷹搏擊戈，非實用品。尖鋒，圓刃，長援，有銎無胡，在戈銎連接處，胡和內的結合部鑄塑虎鷹搏擊形象，虎凶猛撲食，鷹則奮力反擊。這種戈在萬榮后土祠墓地、侯馬上馬村墓地都有出土，并且在侯馬鑄銅遺址陶範中能找到相應的範模。戰國時期短援短胡戈繼續使用，變化很小。

春秋晚期新興起一種戈和矛的結合體，戰國時期常見，戈尖銳，援有弧，三邊開刃，既能刺，又能砍，是戟的雛形。太原趙卿墓、長子七號墓、潞城潞河七號墓都有出土。戰國時期的宴樂水陸攻戰紋壺和水陸攻戰紋鑑上的線刻畫面中，戰士手中所執即爲這種武器。因此器援彎曲有弧度，故又有人稱之爲雄鷄式戈。

箭頭在戰爭中用量較大。主要器形有三棱式、雙翼式、尖鋒扁平雙翼式。春秋晚期各類箭頭均設倒刺，并且品種、樣式趨于複雜化。三棱箭頭的鋌加長，出現了鐵鋌銅箭頭。還有一種圓柱形箭頭，無刃，又稱爲鳴鏑。

戰國時期，爲增加箭頭的射程和殺傷力，還出現了弩機。

矛的數量較戈、箭頭少，主要形式爲柳葉長骹式，體呈長條柳葉形，在長骹兩側有環形耳。其變化都在柳葉形的寬窄、骹的長短之處。

劍是從春秋中期逐步發展起來的兵器。主要形式有①柳葉形圓莖劍。中脊突起，鋒刃銳利。②玉具劍。窄細的長柳葉形劍身，方莖，鍔前粗後細，脊鼓呈凸形，莖上面安裝玉首、玉格。③環首劍。柳葉形劍身，扁莖，無格，劍首作扁圓環。④銎首劍。柳葉形劍身，扁莖中空，似銎，無格，出土時銎內常含有木柲。是一種改爲安裝木柲的長兵器。這種劍又稱爲鈹。

此外還有匕首、刺等尖鋒的兵器。

鉞在周代爲有銎、扁平、有刃的形式。到春秋時期發展成薄片的斧狀，數量很少，僅在太原趙卿墓中發現過。

戈帽和鐏是武器戈的配件。春秋晚期，在戈柲的頂加帽，下端加鐏，既保護柲的牢固性，又使其更美觀。在榆次猫兒嶺戰國墓中出土的戈帽，鍍金，作回首蹲坐長尾鳥形，下有銎孔。鐏作成象首卷鼻狀，頂端有銎，便于安裝柲杆。原平墓出土靴形戈鐏，作獸面紋，十分精美。

（四）工具類

西周至戰國時期，工具斧、錛、鉞、鑿、刀、削長期應用，形體變化不大，多爲素面，有紋飾者很少。春秋晚期太原趙卿墓中曾出土一套製作木簡的小工具，有鋸、錛、斧、鑿、刀、削、針等。斧、錛、鑿一端有扁方形銎，用于安木柄，另一端爲寬或窄條形，斧、鑿有單刃和雙刃兩種。削是一種曲刃的小刀，長莖，後爲環，又稱爲環首刀。從春秋中期起，一些大中型墓葬中都出土了將小刀的柄加工爲黃金方柄，後接橢圓形玉環的精美之作，被稱爲金鑲玉環首刀。

（五）車馬器類

周代開始盛行在墓室內葬車和馬具，春秋中期後，車馬和墓室分別兩處，大型墓有專門附葬的車馬坑，把車馬具卸下，安放在墓室內，一些中小型墓只在墓室內放置車馬具以表示車馬入附。馬具主要有馬銜、當盧和鑾鈴等，車飾用具則有傘、車軎、弓帽、節約、鉸鏈、管、轅、衡、輨、軛、鑾等。其中車軎、馬銜和當盧應用時間最長，直到戰國中期，而傘飾則在春秋中期以後基本消失了。

（六）樂器類

商周開始盛行的三件或五件成組的鐃，到西周中期很快爲編鐘所替代。山西最早在洪洞永凝堡西周中期晉墓中發現單件甬鐘，鐘體呈合瓦形，枚很長，音色洪亮。西周晚期至春秋早期墓中每組編鐘增至八至九件。在聞喜上郭村曾出兩組甬鐘，每組八件。曲沃曲村晉侯墓也出編鐘，每組八件，其上均有記事的銘文。春秋中期起成套編鐘發展很快，到春秋晚期不僅有甬鐘，更多的爲鈕鐘，還新添有鎛鐘。常見的情況是，低音用四件鎛鐘，中、高音則用七至九件鈕鐘。太原趙卿墓採用十九件鎛爲一組的樂器組合形式，能奏出七聲音節，在音律上有了重大進展。戰國初年的潞城潞河七號墓中的樂器雖然都是冥器，不能奏樂，却也有鎛四件，鈕鐘二組各八件，甬鐘一組八件，共二十八件之多。由此可見此時樂器組合愈益擴大，已有主音、伴音、和音相配合。近期在太原趙卿家族墓中又新出土一件特大型的鈕鐘和九件小鈕鐘。大鈕鐘飾高浮雕蟠龍紋，而小鈕鐘則紋飾粗糙簡陋，但音色尚好，仍可奏樂。可能大鈕鐘爲定音鐘。

附：貨幣類

晉及韓、趙、魏的貨幣鑄造在青銅業中占有重要的位置。由于地處中原，同周邊各國往來比較密切，商品經濟亦較爲發達。因此，這裏在商代便有了作爲貨幣的海貝。山西林遮峪商代墓葬中還出現了仿貝形的銅貝。春秋中期侯馬鑄銅遺址鑄幣作坊中出土有尖肩尖足方銎的空首布和鑄造空首布的範。這是我國發現最早的金屬貨幣，有着劃時代的意義。其中少數布上面有『釿』、『黃釿』等鑄文。山西曾大量出土戰國初年魏國的方形圜肩布，以一九九二年平陸曹川出土數量最多。保存非常完整的圜肩布逾二千五百枚，其正面鑄有地名和重量，例如有『安邑壹釿』、『半釿』、『甫一釿』、『陝一釿』、『晉陽一釿』等二十餘種品相。戰國中期韓、趙、魏三國開始大批鑄造僅有地名的平肩平足布，其上的地名包括『安陽』、『屯留』、『晉陽』、『露』、『蒲阪』、『鄖子』、『離石』、『宅陽』等數十種地名和品相，主要出土于山西天鎮、陽高、祁縣、子洪、黎城等地。在聞喜、侯馬一帶還出土了戰國晚期有『共屯赤金』、『桓』、『共』等鑄文的圜錢。形狀外圓中間有圓孔。朔州和襄汾還出土了極爲罕見的『宋子』和『無終』三孔布。另外，在今河北邯鄲等地出土過趙國作爲貨幣的小直刀，明顯地受到其鄰邦燕、齊貨幣的影響。

## 三　晉及韓、趙、魏青銅器紋飾的藝術風格

由于青銅器上的紋飾與青銅工藝生產技術的發展和埋葬制度中反映的禮制的變化有着密切的聯繫，因而具有鮮明的時代風格。與商晚期西周早期的神秘詭異不同，從春秋中期起，隨着社會的變革、生產的進步，青銅器紋飾面貌爲之一新，列國中尤以晉及韓、趙、魏居于領先地

渾源李峪村出土的犧尊

位。此時，人們日漸從巫術、宗教的束縛中解放出來，對青銅器從形式上要求多樣化和美觀實用，因而器形由渾厚到輕盈、靈巧，紋飾則追求新穎、細膩、繁複多變。莊嚴且具威懾力的獸面紋和單調沉悶的竊曲紋、垂鱗紋、重環紋已退居次要位置，代之而起的是精心雕琢的由龍、鳳、蛇、牛等動物形象演繹來的蟠龍紋、蟠蛇紋等清新秀逸的形象，晉及韓、趙、魏青銅器進入了一個輝煌燦爛的時代。綜觀晉及韓、趙、魏青銅器的紋飾，可以細分爲神化動物、實體動物、幾何圖案和人物生活圖像四大類紋樣。

（一） 神化動物紋

蟠龍紋是一種由兩條以上的小龍相糾結不斷重復出現的新興紋樣，它是春秋中期晉國青銅器的主要紋樣，其形象多樣複雜。具體細分，蟠龍（小龍）有S形、C形、牛頭雙身形、雙龍頭S形等。按蟠龍頭部來劃分，有圓唇式、尖唇式、上下唇外卷式和牛頭式。蟠龍紋的變態形式主要表現在冠上，其身軀也呈不同狀態的扭曲變化，而肢、爪、翼都很小，僅具象徵意味。

蟠蛇紋是以小蛇爲主體的紋樣，由正面或側身的蛇相糾纏在一起。主要用于當盧、銅鏡之上或舟、簠的腹部。也有分散的連續性圖案，如夔龍啣蛇等。蟠蛇紋在戰國時期更趨簡化，似卷雲。

晉國晚期除以蟠龍紋和蟠蛇紋作爲青銅器的主要紋飾外，最典型的紋飾還有夔龍吞蛇、夔龍啣鳳，這兩種紋飾爲晉文化所獨有。其形式奇特，夔龍頭的鼻吻翻卷，鋒牙外露，緊咬龍或鳳的身軀，雙爪抓住龍、鳳的角，龍身向兩側展開，與下一組紋飾相聯接，構成花紋帶，表現出弱肉强食的格鬥局面。太原趙卿墓編鎛鼓面紋飾、渾源李峪村犧牛尊腹部紋帶是其代表作。有時此類紋飾還被排列成緊密的方塊形，用于鼎、鑑、壺的腹部。

獸面紋在春秋中期以後失去了昔日唯我獨尊的形象，往往僅作爲局部紋樣裝飾，如鼎的足根、鋪首、匜流或盤的耳部等。

夔鳳紋頗具特色，好似猛禽鷙鳥形象。頭頂鳳冠，鷹鈎嘴，雙目突起，鋒牙外露，耳呈桃形，脖頸上常飾項圈。其身細長，利爪抓住羽毛或另一組鳳鳥的頭部，相互糾合構成紋帶，主要裝飾在鑑的頸、腹部。也有用相背的兩鳥構成垂葉紋，裝飾在罍、舟下腹部的。春秋中期鳳

2

1

4

3

7

6

5

太原金勝村趙卿墓出土青銅器上的紋飾

1. 蓋豆上的粗蛇紋
2. 鼎上的牛頭蟠龍紋
3. 編鎛鼓上的夔龍鳳紋
4. 簠腹部的蟠蛇紋
5. 舟腹部的交龍紋及耳部的貝紋
6. 罍下腹部的垂葉紋
7. 方壺的獸耳
8. 盤的鳳鳥紋耳

8

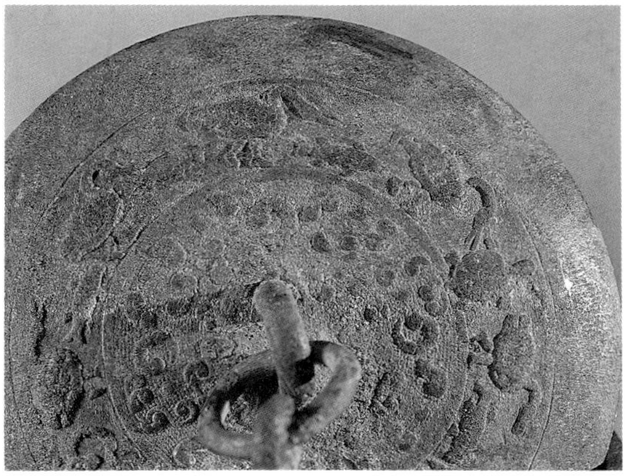

潞城潞河七號墓出土的壺蓋上的動物形象

鳥紋的變化主要表現在頭部，而春秋晚期的鳳鳥紋出現了後肢和翎翼，身軀蜿蜒呈帶狀。有一種頭部正面的怪鳥形象，作高浮雕狀，在扁平的面部突出鳥的尖喙、雙眼和雙耳，仿佛人面。渾源李峪村出土鳥獸龍紋壺和北京故宮博物院的龜魚紋方盤上都有這種人面鳥身的怪鳥形象。

神虎紋主要用于鐘、鎛的鈕部。虎頭上有角，鋒牙外露，緊咬小龍，身上有翅膀，雙足抓地，蹲坐，造型非常生動活潑。

（二）實體動物紋

常見有鳥、虎、魚、蛇、龜、牛、羊、鴨、鷹、蛙和犀牛等形象。其表現手法有立雕和浮雕等。其中虎、鳥、鷹、牛的形象應用最廣泛。虎多用于器物的鋬、耳、足和鐘鈕、鐘枚上；鷹多用于匏壺蓋、盉嘴，牛則多用作鼎蓋上的鈕。鷹、牛的形象還往往被做成全器造型。值得注意的是，在紋飾的構成上，動物與動物，動物與人搏擊的紋飾很多，如虎攫鷹、虎鷹相擊、虎噬人、熊食蜥、鷹抓蛇等，成爲晉及韓、趙、魏青銅器的特徵之一。

（三）幾何圖案紋

有綯索紋、三角回紋、方形回紋、卷雲紋、幾何形紋、羽紋、斜線紋等，均爲春秋中期以後新出現，用于青銅器裝飾的輔助性紋樣。綯索紋主要用作兩組主要紋樣間的界紋，其他各種紋飾多作爲大花紋中間的填紋和底紋。

晉及韓、趙、魏青銅器紋樣中還大量保存有西周中晚期、春秋早期常見的竊曲紋、垂鱗紋和波紋。一般採用前後相連、周而復始的帶狀形式，用于壺、罍的腹部，鼎足的足根以及鑑的鋪首等部位。

（四）人物生活圖像紋

這是自春秋晚期起晉及韓、趙、魏青銅器中出現的新式紋樣。它不同于傳統圖案紋樣，以描繪當時人們的社會生活爲內容，包括宴饗、戰鬥、採桑、狩獵以及與人們的生活密切相關的建築、花草樹木、珍禽奇獸等生動活潑的畫面。如頌揚威武不屈的武士浴血奮戰、奮勇拼殺的水陸攻戰場面，充分表現了春秋中晚期劇烈的土地兼并和頻繁戰爭的史實。

這類圖像往往以鑲嵌或鏤刻的工藝手法，採用多層布局，使畫面更加精細、豐富。如山西長治分水嶺出土的盆的內壁鏤刻了三層圖像，上層有宴饗、射禮、投壺、採桑，中層爲狩獵、攻戰，下層在盆底作水蛇和魚。潞城潞河七號墓出土攻戰紋匜上的畫面使人驚心動魄，表現了建鼓響起，兩軍戰鬥猶酣，一方有人槍挑俘虜頭顱，恐嚇敵營，以擾敵軍心等各種戰爭場面，十分生動。河南汲縣山彪鎮一號墓出土的水陸攻戰紋鑑，腹部四周全部用紫銅鑲嵌成一幅生動的攻戰圖，其圖案分爲四十組，包括人物二百九十二個以及旌旗、錞于、鼓、戟、戈、劍、盾、弓箭、車、豆、壺、舟等器用和魚、鱉等動物形象，表現出戰鬥、射殺、劃船、擊鼓、犒賞等各種活動。視野宏闊，內容豐富，不同金屬的光澤相映成趣，是一件藝術精品。

春秋晚期至戰國晚期晉及韓、趙、魏青銅器很少見到銘文。銅器上銘文日趨減少說明它作爲敘事書史的性質被逐漸改變，有些則變成了純粹的藝術裝飾。戰國中晚期三晉的戈、劍上面往往刻有『物勒工名，以事其誠』的銘文，成爲加强工匠責任心的一種模式。

## 四　先進的晉及韓、趙、魏青銅鑄造工藝

晉及韓、趙、魏青銅器精品頗多，是東周時期青銅藝術重要的組成部分，也是春秋中期至戰國中期我國青銅鑄造業最先進的代表。根據晉及韓、趙、魏青銅器所反映的鑄造工藝情況和多年來對侯馬晉國鑄銅遺址的發掘、研究，可以對當時製範、合範、澆鑄、焊接、鑲嵌、鎏金、鏤刻等各種工序的工藝和技術水平有大體的了解。

從一九六〇年起至今，全國十幾個省的考古工作者共同發掘了侯馬晉國遺址鑄銅作坊址。發現這處晉國晚期都城鑄銅遺址的特點是：（1）面積大，使用時間長。遺址面積約二十餘萬平方米，目前已發掘將近一萬平方米。其中青銅禮樂器作坊中陶範殘件堆積層厚度達三十厘米。一九六四年曾在鑄造工具和車馬器作坊的一個窖穴中採集到帶鈎範、車馬器範達一萬餘件。貨幣鑄造作坊規模更大，鑄造空首布（貨幣）所用過被拋棄的方錐形空首布範堆積成小

侯馬鑄銅作坊遺址出土的鐘鼓模

丘，僅二十餘平方米範圍內堆積層厚達六十厘米，約計十萬件以上。至于作坊的使用時間則從春秋中期至戰國中期，長達三四百年之久。這是目前我國發現規模最大的鑄銅作坊遺址。（2）內部分工細。有鑄造禮樂器、貨幣、工具、車馬器等作坊，每個作坊相距百米左右。（3）爲比較穩定的官辦手工業作坊區。由商周時期分散的地點和不定期的生產方式，變爲長年纍月生產不止的大規模的官辦手工業作坊。正如《左傳·襄公九年》所記載的：晉國『商、工、皂、隸不知遷業』。當時官辦手工業者相對穩定，不允許隨意流動。由此實現了生產的規模化、專業化，迅速提高了勞動生產力，提高了商品質量。（4）產品質量精密度高。由大量的發現可看出，晉國青銅器陶範的製作、刻花、翻模、成型、鑄造工藝要求極高，因此才能鑄造出非常漂亮、精密度極高的青銅器。（5）產品的商品化。爲適應各地貴族的生活需要，晉國鑄銅作坊的生產規模空前，大批成品源源不斷地供應晉國各地和周邊地區的王公貴族。在晉及韓、趙、魏的勢力範圍內出土的很多青銅禮樂器都能在侯馬鑄銅作坊中找到其鑄造用的範模，反映了產品流通的情況。

在鑄銅作坊遺址中保存有大量的陶範、熔爐、通風管、煉渣、骨製和銅製的工具，有多種刻刀、礪石、尺、錐子等遺物。其中鑄銅陶範達五萬餘件，能辨認器形的約計四千餘件，成組配套又能復原器形者有二百餘套⑥。晉國鑄造青銅器有着完善臻美的工藝流程。澆鑄銅器的範全部採用先進的陶泥土範，不見石範。下面，對晉國鑄造青銅器的主要工藝作扼要介紹。

（1）製範工藝。這是鑄造青銅器的關鍵。陶範模的粗細、優劣，直接影響到青銅器的成敗，因而製作陶範的各項工作，要求非常嚴格。

第一、選泥。一般採用汾河灣的澄泥，經過淘洗，去除雜質，使之製範細膩。再摻上一定比例的細砂和草木灰⑦，保證透氣性能良好，不易爆裂。這種泥稱爲墐泥。

第二、製模。即用墐泥按照器物的形狀做模子并雕刻紋飾。一般較大型的器物須分成若干部位分別製模，如鼎的耳、足、腹，鐘的鈕、舞、枚，壺的耳、圈足、壺身等，然後分別在其上再打格、繪花紋并雕刻成模子。而器形小、較爲簡單的銅器，如小鼎、匜、舟、鑺、鐴、刀、劍、戈等則按照器形製成一個完整的模子即可。至于帶鈎、箭頭等更小件的銅器則在一模

侯馬鑄銅作坊遺址出土的鐘鈕模

侯馬鑄銅作坊遺址出土的龍紋模

上刻有多件器物。侯馬鑄銅作坊遺址曾出土有一件未完成的小型鐘模，已在成形的泥模上面用紅顏料周密地畫出了圖案，并精工細雕出部分花紋，整體尚没有完成。

第三、印模。晉國鑄銅製範廣泛採用了比較先進的印模技術，比商周時代鑄銅工藝前進了一大步。印模法是在器物各個部位相應的模子上按捺出一段厚僅零點二厘米左右的花紋泥片，拼裝到外範的底托上面，合成一件完整的青銅器外範。此種方法在侯馬鑄銅遺址中常見。由于採用花紋印模法，使青銅器製模雕刻的繁難工序變得比較容易了，花紋的準確性也得到了保證。這種印模方法反映在太原趙卿墓中出土的大鑑、鼎、編鐘和壘上面也都十分清楚。如在鑑的頸部拼裝花紋時，因間距不够，可看到有半組花紋的情況。這種先進的印模工藝，到春秋中晚期已經達到很高的水平，花紋之精美、拼合啣接之嚴謹令人驚嘆。

第四、分範拼合組裝。內範製成後，需翻成外範。首先按澆鑄銅器工序的需要和器物大小、差異將範分割成若干塊，如鼎的腹部分爲三塊，底部加一塊，腹部加內範一塊。鼎足、耳用二至三塊範。每一種器物的花紋母範又有大小不同的各種規格，如鐘枚的型號達二十餘種之多，大者似飯碗，小者僅有鈕扣大小。大型編鐘一般要用九十六塊範拼合而成，枚範則作成楔形凹模，便于拼合在底托上面。分範塊時，還要考慮到範與範之間啣接的合度，因而廣泛採用了榫卯相套合辦法。澆鑄時，爲保證鑄件厚薄均勻，花紋飽滿，在內外範間還採用三角支釘支撑，以促進內外範緊密結合，防止滑動。從侯馬鑄銅遺址出土的陶範上可以清晰地看到製範要求嚴格，分範間榫卯結合和分範系統設計合理，分型面之間十分平整，合範嚴密，因而能保證每件成品的質量。

第五、烘烤。無論製模和翻範後都得經過烘烤工序。即先將刻成的模子放在窰洞式的地窰中晾乾，組合放入烘範窰，用火烘烤使之脱水和定型。然後再用墐泥翻成外範，外範翻成後也得經過晾乾、烘烤兩道工序，使模、範均變爲磚紅色，堅硬耐用。

（2）澆鑄和加工工藝。這是完成青銅鑄造的重要工序。晉國青銅器除小件銅器還繼續應用傳統的一次渾鑄法外，大部分都採用先進的新技術，有如下幾種：

分鑄法。一件複雜的青銅器，須把附件分解成若干獨立部件單獨鑄造，然後在鑄造主體時，把預先鑄成的附件嵌入鑄型內，澆鑄時將部件鑄接到主體上面，合鑄成一體。此種辦法源于商代，到春秋中晚期，廣泛應用并達到爐火純青的階段。例如鐘的龍形鈕、壺的獸形耳，都是預先鑄好再和器身鑄接在一起的。附件上往往還留有榫頭，以加大與器身的接觸面，增加器物的牢固度。用此法將部件放入泥範與器身鑄接前需要預熱加溫，作好充分的準備工作，才能保證與器鑄接效果。也有一種先鑄好器物主體，再在主體上接鑄附件的方法，此法在鑄接主體上預留有方孔或凸榫，便于兩者接合。如罍身兩側的鋪首啣環，鳥尊上虎形提梁，簠的兩個獸形耳都是後鑄接而成的。依據金屬熔液冷却凝固收縮的原理，使附件緊貼在主體壁上。鑒于兩種鑄接方法的不同，有人稱前者爲先鑄式，後者爲後鑄式。一般先鑄式多用于粗大笨重的器物，如鼎、壺、鑑等。後鑄式則多用于附件輕巧俏麗的器物，如匏壺、鳥尊、提梁匜等。先鑄式比較牢固，不易脱落，後鑄式稍遜一籌，在趙卿墓的殘損銅器中可以比較清楚地看到這一點。

渾鑄法。主要用于小件器。把器物上的一些附件，都做成鑄型，留有銅液注入口，將附件鑄型與主體鑄型組合在一起，澆鑄後，主附件一次鑄成。例如太原趙卿墓銅舟，舟體橢圓形，二個環形耳對稱置于長軸的兩側，舟身上有三周紋飾，環置于中間一圈紋飾上，但舟耳所在外壁上素面無紋，環耳根部與舟體緊密爲一體，表明耳與舟體分别做出鑄型，組裝一體，一次鑄成。這種工藝情況與侯馬出土的一套完整的舟範情況一致。

銅器合範後，外部需用草泥土固定，這樣既可使澆鑄銅液散熱快，防止爆裂，又可緊固範與範的結合。大件銅器還需要挖坑固定，用槽注法澆鑄。待澆鑄的銅器冷却後，取下外範，要對範與範結合處留下的毛茬抹縫修整、抵礪打磨，才能使器物美觀合用。我們在晉國銅器上很少看到需要修整或錯位、漏液的現象，説明晉國青銅鑄造工藝的先進。

焊接技術。焊接技術是將熔點較低的金屬熔化後，把器物主體與附件焊接在一起的技術。此法雖然從西周晚期就已出現，但很粗糙，運用也較少。到春秋中期以後，此法被普遍採用，而且焊接效果十分精緻。具體作法有兩種：一種在主體部位留有凸榫，附件上留有卯洞，卯洞略大于凸榫，將熔化的焊料灌入卯洞，然後插入凸榫使兩者凝固在一起。如太原金勝村新出的蓮瓣蓋圓壺肩部的一對獸形耳，主體留凸榫，耳留卯洞；高座方足豆的豆盤留凸榫，柄上留卯洞。另一種作法是在器主體上預留卯洞，附件留有凸榫，把凸榫插入主體卯洞中，吻合後再灌焊料填充。比較起來，前一種作法焊接比較結實，後一種作法則堅固度差些。太原趙卿墓中的鑑耳大部分脱落，而方壺獸形耳保存較好，原因就在于此。

關于焊料的成分，據北京科技大學冶金史室對太原趙卿墓銅方壺殘耳、鑑殘耳以及方座形豆斷足內的焊藥進行掃描電鏡分析，得出的結論是：焊料的主要成分屬于低熔點的錫和鉛，熔點約在攝氏二百度。雖然這幾件器物焊料中錫鉛含量尚不穩定，但可以看出低熔點焊料已在春秋晚期、戰國時期廣泛應用，是金屬工藝的重大進步。

金屬細加工工藝。即在銅器表面進一步裝飾的工藝，大致可分爲鑲嵌紅銅和黑色塗料、錯金銀、包金銀、鎏金、鑲嵌寶石、細線鏤刻術等。

①鑲嵌紅銅和黑色塗料術。在銅器表面預先鑄出淺凹的花紋圖案，再嵌入紅銅或黑色塗料，利用兩者不同色澤的對比構成絢麗多彩的裝飾效果，器物表面仍能保持平滑。此法在春秋晚期常用于豆、壺之上。如太原趙卿墓出土高柄方壺的壺身和柄就有用黑礦物料塗底填充的美麗圖案；太原金勝村新出的圓壺上有用紅銅片鑲嵌的鳥和夔龍紋飾；渾源李峪村出土鑲嵌鳥獸紋豆也是此類工藝的代表作品。

經北京科技大學冶金史研究室專家鑒定，太原趙卿墓出土高柄小方壺表面用的黑色塗料係多種礦物的混合物，主要有石英、錫石、鋯的氧化礦物、褐鐵礦以及長石等。推測古人選用一定的土壤，或幾種礦石，經破碎研磨處理，得到顆粒均匀細膩的粉末，再加上某種粘合劑調合、塗抹于器物表面。此塗料粘結性能良好，因而小方壺上的塗料歷經二千多年仍未脱落。

②錯金銀術。工藝上大致與鑲嵌紅銅術相似，不同處在預鑄凹槽內嵌入金銀絲，經過輕輕敲打固定在凹槽內，經打磨除去浮露者，使器表呈現燦爛紋飾。如長治分水嶺出土錯金豆、錯金舟，萬榮后土祠出土的王子于用戈、欒書缶上面的銘文等都是應用此術的代表作。

③包金銀術。即銅器鑄成後，在器物的表面包上薄薄一層金箔，其厚度薄于普通紙，且粘結堅固。主要用于車軎、帶鈎一類小件物品之上。如太原趙卿墓中出土四組八件包金車軎，除

二件砸碎外，其他六件至今仍然金光閃閃；榆次猫兒嶺戰國墓出土的一批包金帶鈎，猶似新作。

④鎏金術。將溶解于水銀的黄金（稱爲金泥）塗抹在銅器表面，再用文火烘烤，將水銀蒸發，使金粉固着于器物表面。此法在春秋中期到戰國時期廣泛運用，代表器如榆次猫兒嶺戰國墓出土的鎏金帶鈎等。

⑤鑲嵌寶石術。在銅器預先鑄留有凹槽的表面，鑲嵌綠松石和各種寶石。從春秋到戰國時期應用非常廣泛，如在青銅壺上面運用較多，更多的是用于戰國時期的帶鈎上面。青銅器被寶石鑲嵌成各色各樣的圖案花紋，光彩奪目，給人美不勝收之感。

⑥鍛壓、鏤刻工藝。在澆鑄銅器坯材後，用鍛打成型，再經鏤刻而成的工藝。這種新興工藝以太原趙卿墓線刻匜、輝縣趙固村出土宴樂紋鑑、長治分水嶺出土宴樂射禮盤等爲代表。這些薄胎銅器經過金相分析，表面上布滿孿晶或滑移線，晶粒較爲粗大，呈再結晶退火態。説明經過了鍛打、退火處理。薄胎銅器的成分基本上都屬于銅、錫、鉛三元合金和銅、錫二元合金，成分穩定，其材料强度和抗蝕性能都是最好的。此類薄胎銅器的製作程序有：選定合金成分，澆鑄出銅器坯體；經錘鍛成型；結晶退火；打磨；繪圖、刻紋（刻劃花紋的方法有鏨鑿法和刻劃法兩種，以刻劃法爲主）；外鍍錫鉛，以掩蓋研磨不精而留下的紋道，獲得光潔的效果，也起到保護金屬基體的作用。

失蠟法鑄造工藝在晉國青銅鑄造中不常見，出土物很少。一九六五年曾在新絳柳泉墓地採集到一件春秋中期鏤空蟠蛇紋鼎，鼎腹有内外兩層，外層爲頭高揚、身体卷纏的群蛇鏤空層，此種形式非失蠟法製造莫屬，雖然較之長于失蠟法鑄造的楚器稍遜一籌，但却是目前國内所見用失蠟法鑄造銅器的最早範例。

青銅製造工藝到了春秋時期在多種工藝的綜合應用方面達到了較高水平。如太原趙卿墓出土鳥尊，形如一隻昂首挺立的鷙鳥，容綜合製模、分體鑄造、焊接、鉚接等工藝爲一體，結構複雜，造型生動，設計合理，製作精良，堪稱青銅藝術珍品。趙卿墓出土的虎形灶，體形碩大，由灶體、釜、甑和四節烟囱組裝成一整體，高度達一點六〇米。鑄造上更充分地運用了分鑄、渾鑄、焊接等工藝。此器的工藝設計也十分巧妙，灶體內掛有小刺，用于搪泥，使灶既保温，又不會燙傷使用者。火膛被安在烟道口附近，加上高大的烟囱，使火勢旺，熱力集中，便于蒸煮食物和冬天室內烤火，由于採用了分體組裝，使拆卸搬動方便，十分實用。

在青銅器鑄造中，銅、錫合金的不同比例是製造不同用途器具的重要因素。遠在二千餘年前《周禮·考工記》中曾記載了製作不同種類青銅器物的不同合金比例：『金有六齊，六分其金而錫居一，謂之鐘鼎之齊。五分其金而錫居一，謂之斧斤之齊。四分其金而錫居一，謂之戈戟之齊。三分其金而錫居一，謂之大刃之齊。五分其金而錫居二，謂之削殺矢之齊。金錫半，謂之鑒燧之齊。』[9]金指純銅。華覺明先生解釋『六分其金而錫居一』，即銅六錫一，也就是錫含量爲百分之十四點三[10]。爲了解晉國青銅的銅錫合金比例，我們曾請北京科技大學冶金史研究室對太原趙卿墓出土的二十件青銅禮器、六件青銅兵器、三件青銅工具、二件青銅車馬器以及青銅構件和裝飾件取樣分析檢測。檢測報告證實：①二十件青銅禮器均爲銅、錫、鉛三元合金鑄成。除舟、鬲、甗含錫偏高或偏低外，一般含錫量均在百分之十至十七間，成分比較穩定。鉛的含量較高，平均含鉛量在百分之七至二十八之間。青銅器中加入鉛是中國青銅器的特點之一，尤以春秋、戰國時期的青銅器最具典型性。②六件兵器中以劍和鏃含錫量較高，與『六齊』中刀槍劍鏃之類兵器含錫量應在百分之二十五至三十的規律相合，因而具有較高的强度和硬度。工具削刀在金屬成分上、組織上也與劍十分類似。總之兵器、工具與禮器、容器的成分對照，呈現含錫量增加的趨勢，與『六齊』的規定相符。

根據檢測報告，檢測的三十三件銅器中硫化物雜質少，說明冶銅原料係氧化礦，而非硫化礦。山西中條山地區是我國古代重要煉銅基地之一。今垣曲縣境內的中條山有色金屬公司所轄礦區曾發現古代採礦、冶銅遺址多處，其中包括古採礦老窿三十餘條和大量古代銅煉渣。中國社會科學院考古研究所碳十四實驗室對採礦坑道中的木支架進行測定，測定年代爲距今2315±75年（公元前365±75年），樹輪校正年代爲2315±85年（公元前375±85年），屬戰國時代。垣曲縣毗鄰侯馬，相距不到百里。春秋戰國時期由垣曲採礦，冶煉成銅錠，運至侯馬鑄銅作坊供鑄造銅器用，是完全可能的。同時兩地銅的成分也頗相似，更加證明了這一點。

我國歷史文獻中關于青銅鑄造工藝的記載甚少，利用考古材料探索其工藝發展是十分重要的。對中原地區出土的大批晉及韓、趙、魏青銅器和侯馬晉國晚期都城鑄銅作坊使用的陶範以及工作場地等重要資料進行相互對照和研究，可以解開許多千古之謎，爲我國科技史、美術史等諸多學科作出貢獻。

## 結語

在中原地區汾河谷地這片沃土之上，具有高度發達的古老文化。史前時代來自北方的熱情奔放的草原文化，來自南面的細膩含蓄的仰韶文化在此相遇、交融，逐步形成了夏商時期的襄汾陶寺文化、夏縣東下馮文化和石樓方國文化。西周初年唐叔虞封于夏墟，在開創晉業時『啟以夏政，疆以戎索』（《左傳·定公四年》），政治上、文化上的兼容并蓄，使晉國日益强大，一再成爲霸主。

晉與周的關係十分密切，其文化也反映出與周文化的相互影響，在青銅器類型方面兩者有着許多共同特點，甚至其陶器如鬲、豆、盆、尊等，造型也很接近。但晉文化又是一種自成體系的文化，有着自己獨特的風格。如晉文化陶鬲均爲聯襠型，幾乎不見分襠型，更没有矮足和無足形式；又如晉文化遺存中未發現腰坑和坑內殉狗現象，而隨葬陶器中鬲、尊、罐的組合形式也與灃西的周文化不同。春秋戰國時期是我國歷史上大變革、大動蕩的時期，思想的活躍不僅帶來科學技術和生産力的巨大發展，也造成了文化藝術上百花齊放的繁榮景象。晉文化青銅器在此基礎上高度發展，它以新穎的器型、精巧富麗的裝飾風格和卓越的範鑄技術，反映出當時中國青銅器新風格的崛起。

晉文化青銅器與南方的楚器、西方的秦器、東方的齊魯器、東南地區的吳越器以及北方的燕器在早期都源于西周器，相同之處較多。至東周時期地域差異性日趨明顯，形成了異彩紛呈的各式青銅文化，然而其相互間的影響仍然存在。侯馬上馬村一三號墓出土的晉青銅器，在器物組合和造型、紋飾上基本上與洛陽中州路二期東周墓銅器類同。侯馬上馬村一三號墓所出兩件徐國的『庚兒鼎』、代縣蒙王村出土的吳王光鑑、原平峙峪出土的吳王光劍等在類型上也和晉器并無二致，而紋飾又各具特色。北部山區的戎狄及中山國、代國的青銅禮器如鼎、壺、鑑等與晉器十分相似，而生活用具差異較大，在青銅刀、鋤及其紋飾上的反映尤爲明顯。《史記·晉世家》中記載了晉國曾派巫臣大夫之子去吳國培訓馭車和打仗的技藝，那麼在『楚材晉用』的情況下，楚國派遣鑄造青銅器的工匠去幫助東方各國，將其先進的鑄造技術帶到晉國，與晉國的工藝融合，從而結出豐碩成果的事情，也是完全可能的。

## 附注

①劉緒：《天馬曲村遺址晉侯墓地及其相關問題》，《文物季刊·三晉考古》(第一册)，山西省考古研究所，一九九四年。

②容庚：《商周彝器通考》，哈佛燕京學社出版，一九四一年。

③劉緒：《天馬曲村遺址晉侯墓地及其相關問題》，《文物季刊·三晉考古》(第一册)，山西省考古研究所，一九九四年。

④據《周禮·春官·墓大夫》記載，周代墓地分兩種：一種是公墓，即最高統治集團專用墓地。另一種是邦墓，歸墓大夫管理。按鄭玄注：『凡邦中之墓，萬民所葬地。』

⑤中國社會科學院考古研究所編著：《輝縣發掘報告》，科學出版社，一九五六年。

⑥山西省考古研究所：《侯馬鑄銅遺址》，文物出版社，一九九三年。

⑦譚德睿等：《植物硅酸體及其在古代青銅器陶範製造中的應用》，《考古》，一九九三年五期。

⑧何堂坤：《刻紋銅器科學分析》，《考古》，一九九三年五期。

⑨《周禮·冬官·考工記》，《十三經注疏》影印本，中華書局，一九八〇年。

⑩華覺明：《中國冶鑄論集·商周青銅容器合金成分的考察》，文物出版社，一九八六年。

# 圖版

一　弦紋鼎　春秋早期

二　回紋鼎　春秋早期

三　竊曲紋鼎　春秋早期

四　竊曲紋鼎　春秋早期

五　變形獸紋流鼎　春秋早期

六、七、八　鏤空蟠蛇紋鼎　春秋中期

九　蟠蛇紋鼎　春秋中期

一〇　蟠蛇紋鼎　春秋中期

一一、一二　蟠蛇紋鼎　春秋中期

一三　變形獸紋流鼎　春秋中期

一四　蟠蛇紋鼎　春秋晚期

一五　鑲嵌龍紋鼎　春秋晚期

一六、一七、一八　夔龍鳳紋鼎　春秋晚期

一九、二〇　牛頭龍紋鼎　春秋晚期

二一　蟠龍紋鼎　春秋晚期

二二　蟠龍紋鼎　春秋晚期

二三　蟠龍紋鼎　春秋晚期

二四　蟠龍紋鼎　春秋晚期

二五、二六　卧牛龍紋鼎　春秋晚期

二七　卧虎龍紋鼎　春秋晚期

二八　蟠龍紋鬲　春秋晚期

二九　董矩方甗　西周晚期春秋早期

三〇　蟠龍紋甗　春秋晚期

三一　蟠龍紋甗　春秋晚期

三二　弦紋簋　春秋早期

三三　交龍紋簠　春秋

三四、三五　蟠蛇紋簠　春秋晚期

三六　變形獸紋鋪　西周晚期春秋早期

三八　四虎蟠龍紋豆　春秋晚期

三七　鑲嵌狩獵紋豆　春秋晚期

三九　鑲嵌粗蛇紋豆　春秋晚期

四〇、四一　蟠蛇紋豆　春秋晚期

四二　交龍紋方座豆　春秋晚期

四三　夔鳳紋豆　春秋晚期

四四、四五　幾何紋敦　西周晚期春秋早期

四六　鑲嵌獸紋敦　春秋晚期

四七　交龍紋敦　春秋晚期

四八　幾何紋敦　春秋晚期

四九、五〇　夔鳳紋罍　春秋晚期

五一　獸形弦紋盉　春秋中期

五二、五三　鳥尊　春秋晚期

五四　子乍弄鳥尊　春秋晚期

五五、五六、五七、五八　犧尊　春秋晚期

五九　垂鱗紋壺　春秋早期

六〇　陳公孫𢼄父旅壺　西周晚期春秋早期

六一　交龍紋方壺　春秋早期

六二　夔龍紋方壺　春秋中期

六三　欒書缶　春秋中期

六四　綯索龍紋壺　春秋晚期

六五、六六、六七　鳥獸龍紋壺　春秋晚期

六八　鑲嵌獸紋壺　春秋晚期

六九　狩獵紋壺　春秋晚期

七〇　獸紋壺　春秋晚期

七一、七二　蟠龍紋華蓋方壺　春秋晚期

七三　令狐君嗣子壶　春秋晚期

七四　蟠龍紋壺　春秋晚期

七五　蟠龍紋壺　春秋晚期

七六　細蛇紋壺　春秋晚期戰國早期

七七　鑲嵌幾何紋高柄方壺　春秋晚期

七八　狩獵紋方壺　春秋晚期

七九　錯金銀鳥紋壺　戰國早期

八〇　扁壶　春秋晚期

八一、八二、八三　蟠蛇紋匏壺　春秋晚期

八四　蟠龍紋瓠壺　春秋晚期

八五　蟠蛇紋匏壺　春秋晚期

八六　交蛇紋舟　春秋晚期

八七、八八　龍魚紋盤　春秋早期

八九　獸耳盤　春秋早期

九〇　夔鳳紋盤　春秋晚期

九一、九二　龜魚紋方盤　春秋晚期

九三　炭盤　春秋晚期

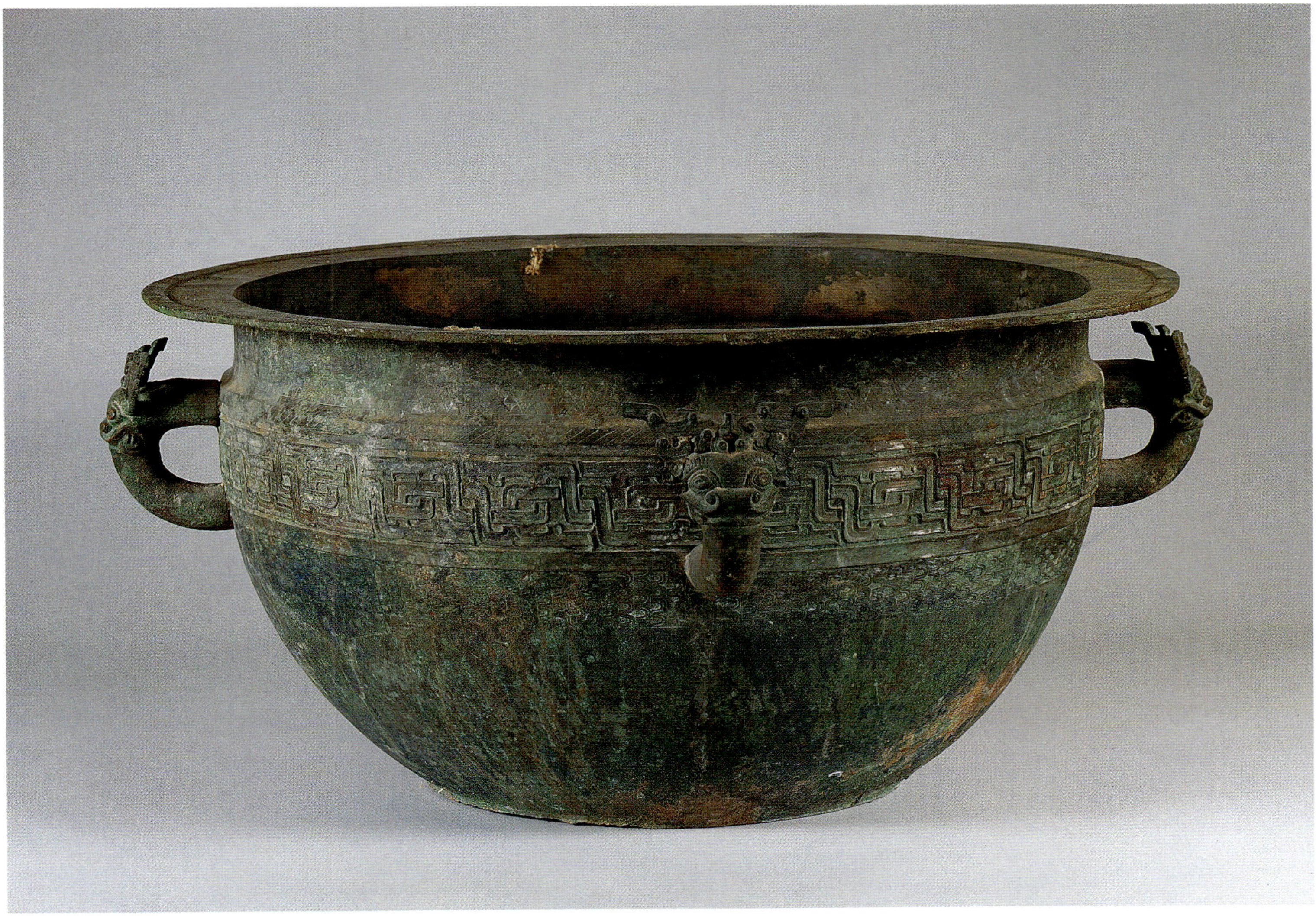

九四、九五　蟠龍紋鑑　春秋中期

九六　智君子鑑　春秋晚期

九七　狩獵紋鑑　春秋晚期戰國早期

九八　夔鳳紋鑑　春秋晚期

九九　弦紋鑑　春秋晚期

一〇〇　夔龍紋匜　春秋早期

一〇一　虎頭匜　春秋晚期

一〇二　交龍紋匜　春秋晚期

一〇三、一〇四
虎頭匜　春秋晚期

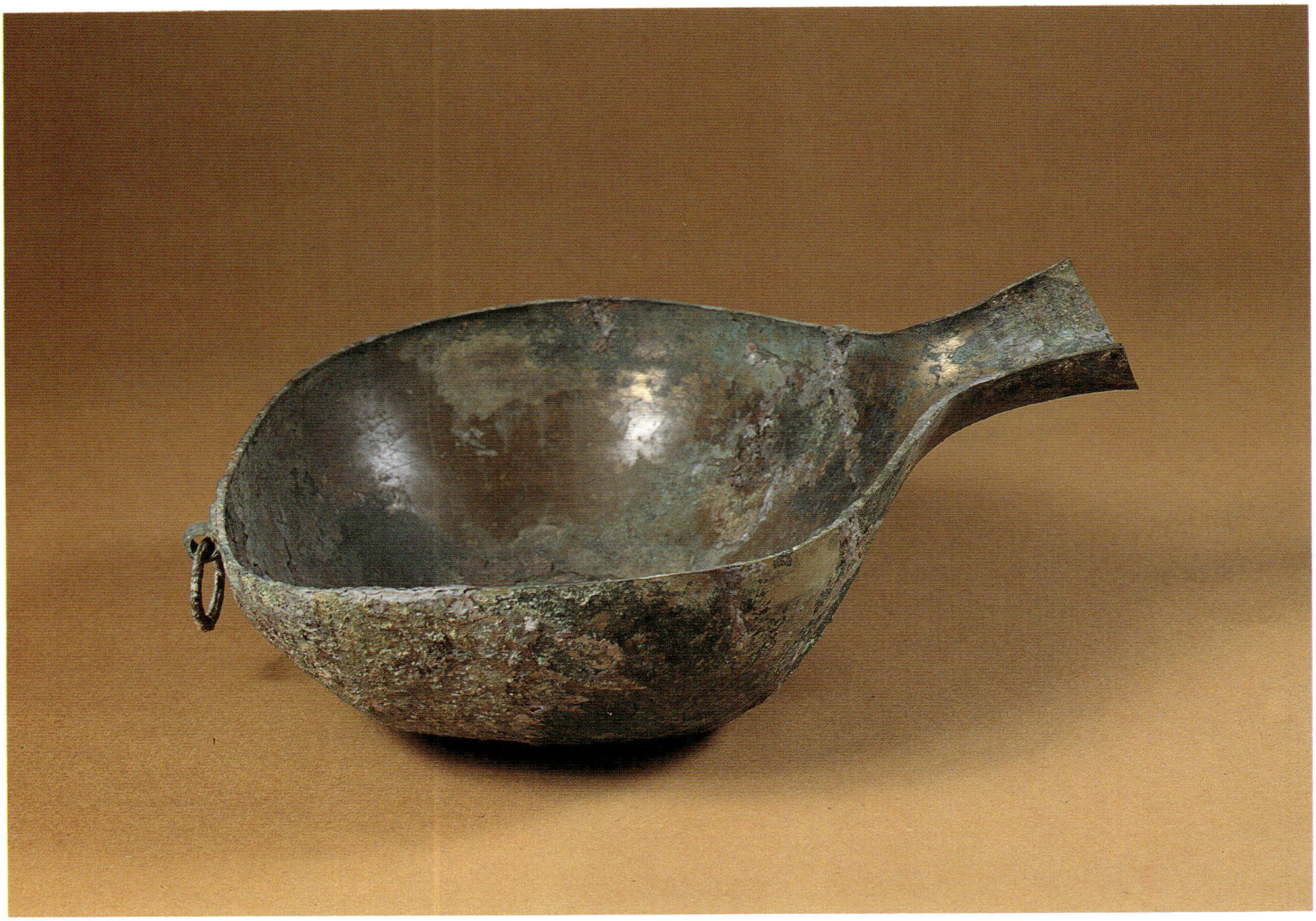

一〇五、一〇六　線刻狩獵紋匜　春秋晚期

一〇七　細交龍紋罐　春秋晚期

一〇八　簸箕形火格　春秋晚期

一〇九　鏟形火格　春秋晚期

一一〇　夔龍紋甬鐘　春秋晚期

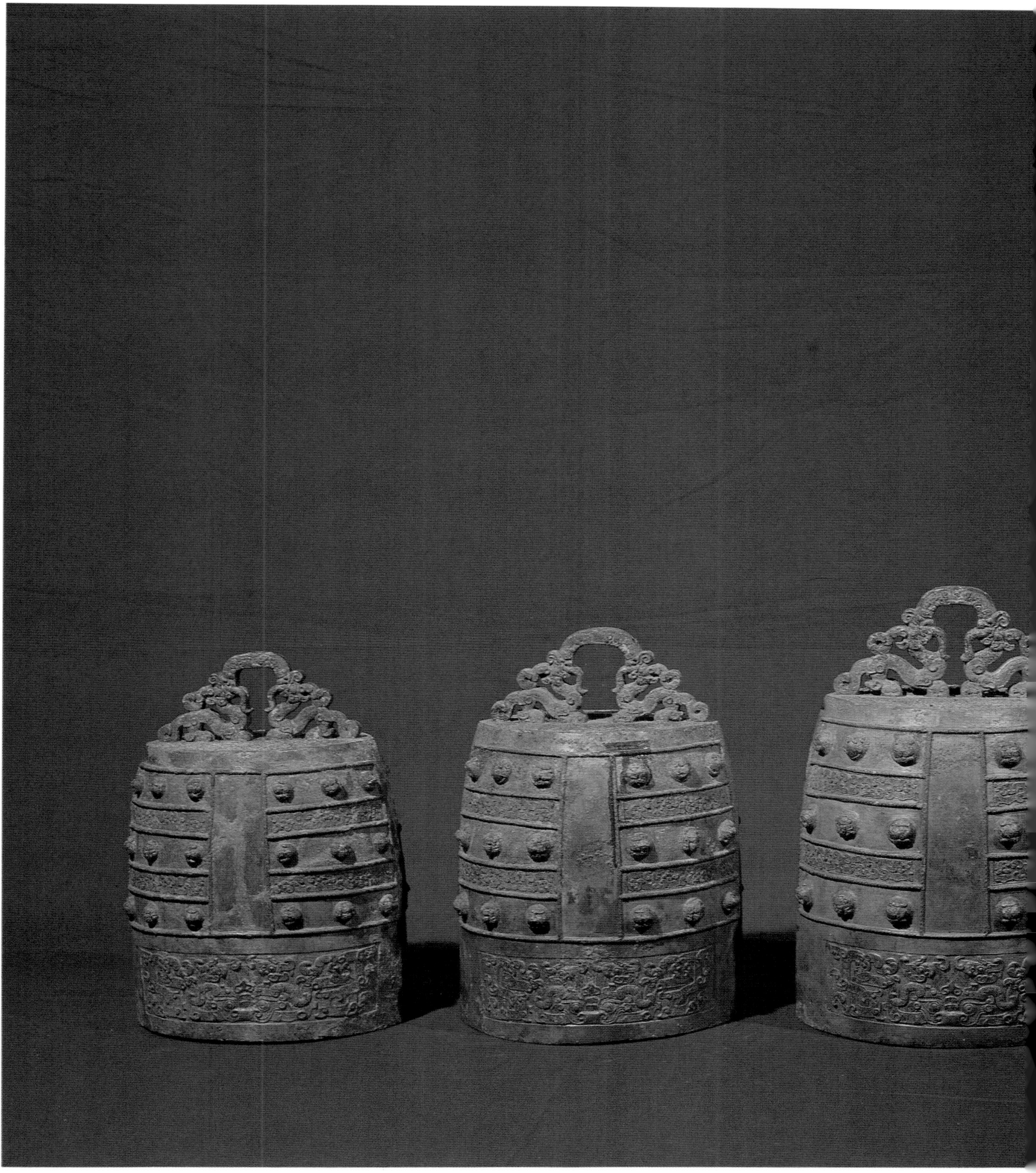

一一一、一一二　夔龍鳳紋編鎛　春秋晚期

一一三、一一四　蟠蛇紋編鎛　春秋晚期

一一五　夔龍紋鎛　春秋晚期

一一六　夔龍紋鎛　春秋晚期

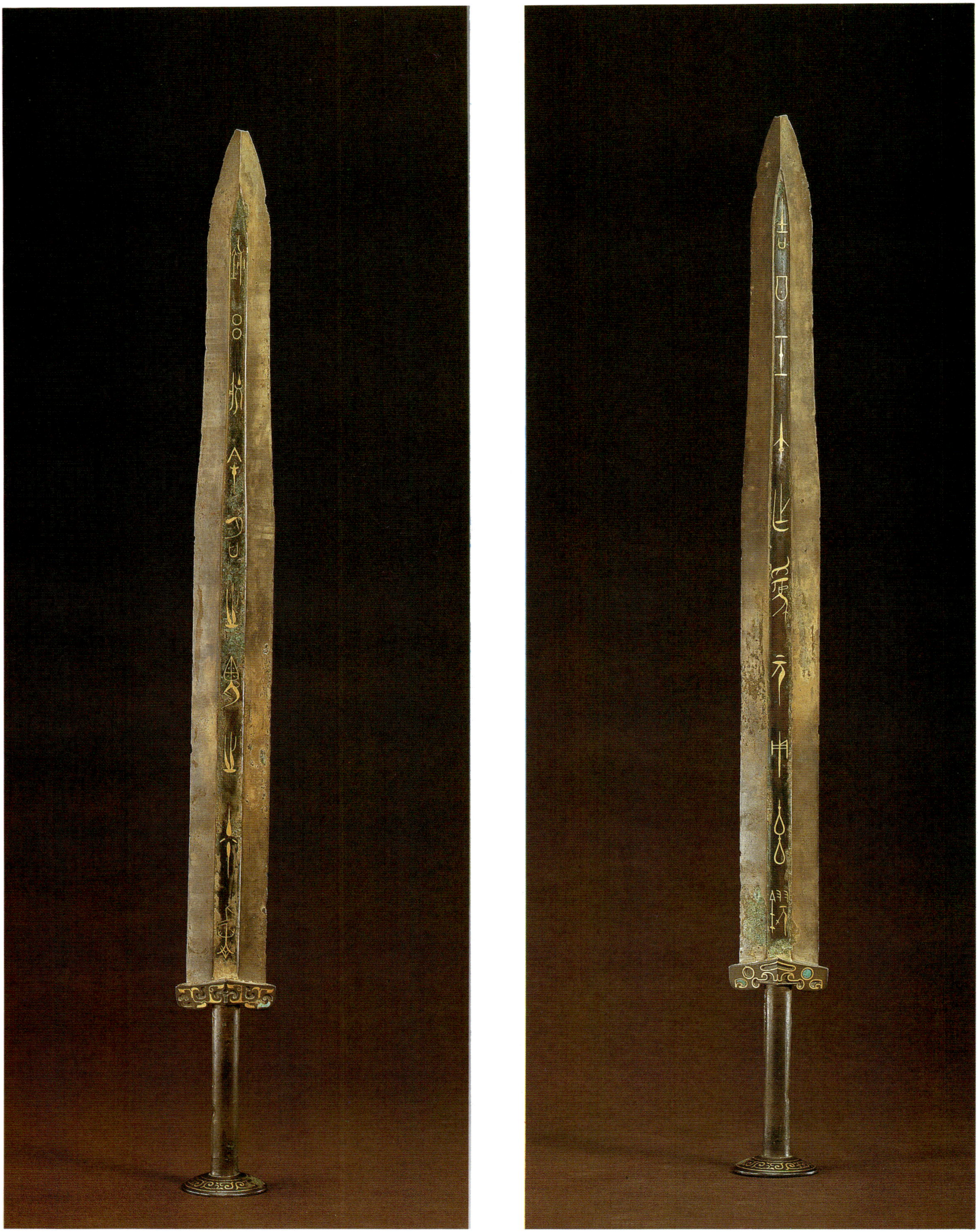

一一七、一一八　吉日壬午劍　春秋晚期

一一九、一二〇
虎鹰搏擊戈　春秋晚期

一二一、一二二　刖人守囿輓車　西周晚期春秋早期

一二三　夔鳳紋當盧　西周晚期春秋早期
一二四　交龍紋當盧　春秋晚期

一二五　綯索紋車軎　春秋晚期

一二六　龍紋鎣　春秋早期

一二七、一二八　龍紋鎣　西周晚期春秋早期

一二九、一三〇　虎形灶　春秋晚期

一三一、一三二

夔龍紋氈帳頂　春秋晚期

一三三　蟠龍紋氈帳頂　春秋晚期

一三四　韓氏晉鼎　戰國

一三五　錯金雲紋豆　戰國早期

一三六　夔鳳紋方座豆　戰國早期

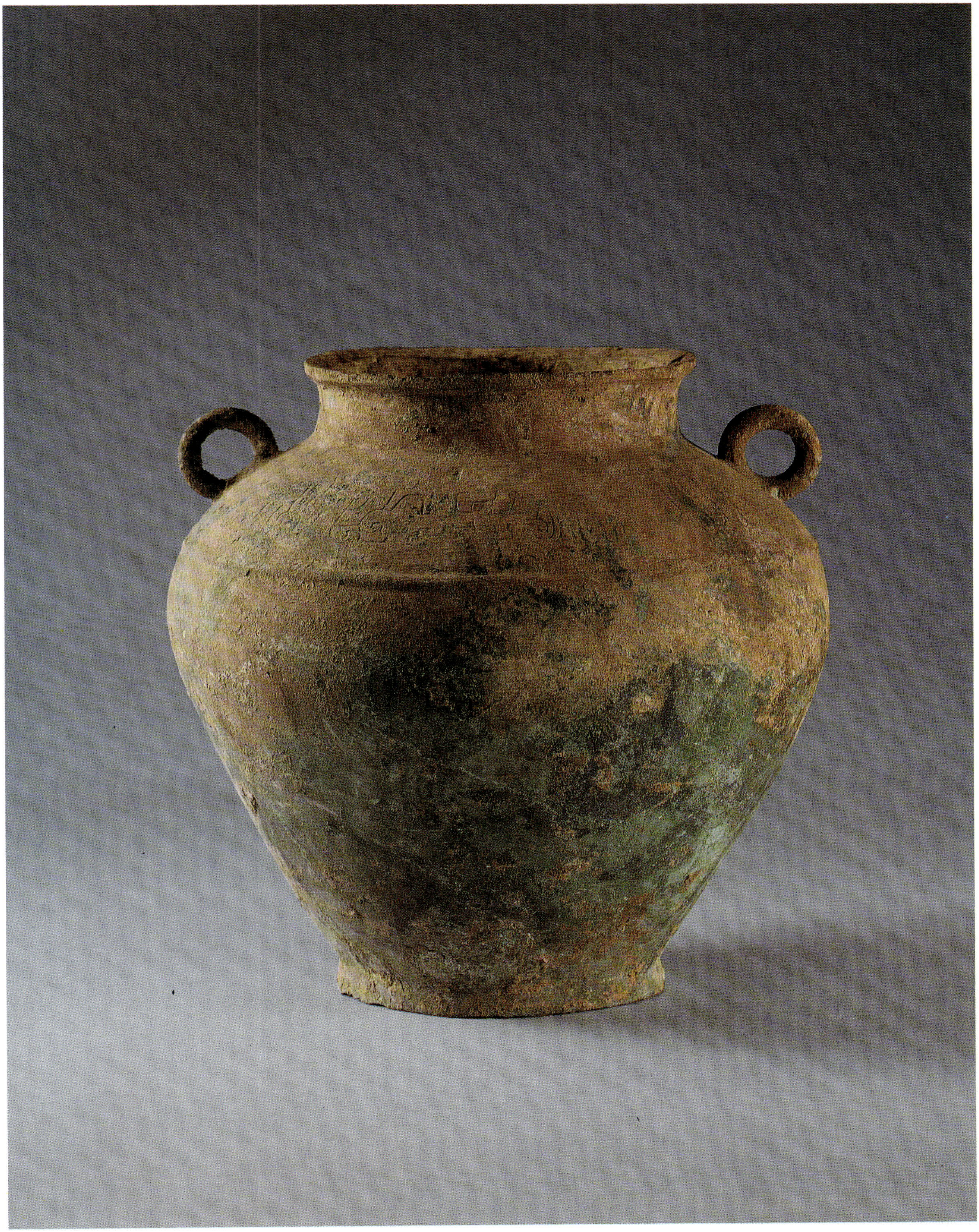

一三七　夔龍紋罍　戰國早期

一三八、一三九　繩絡紋罍　戰國早期

一四〇　犧背立人擎盤　戰國早期

一四一　夔龍鳳紋壺　戰國早期

一四二　鑲嵌緑松石方壺　戰國中晚期

一四三　鑲嵌紅銅扁壺　戰國中晚期

一四四、一四五
獸足方盤　戰國早期

一四六　獸面紋甬鐘　戰國早期

一四七、一四八　羽翅紋鎛　戰國早期

一四九　韓將庶虎節　戰國中晚期

一五〇　杖首　春秋晚期

一五一　蟠龍紋鼎　戰國早期

一五二　交龍紋壺　戰國

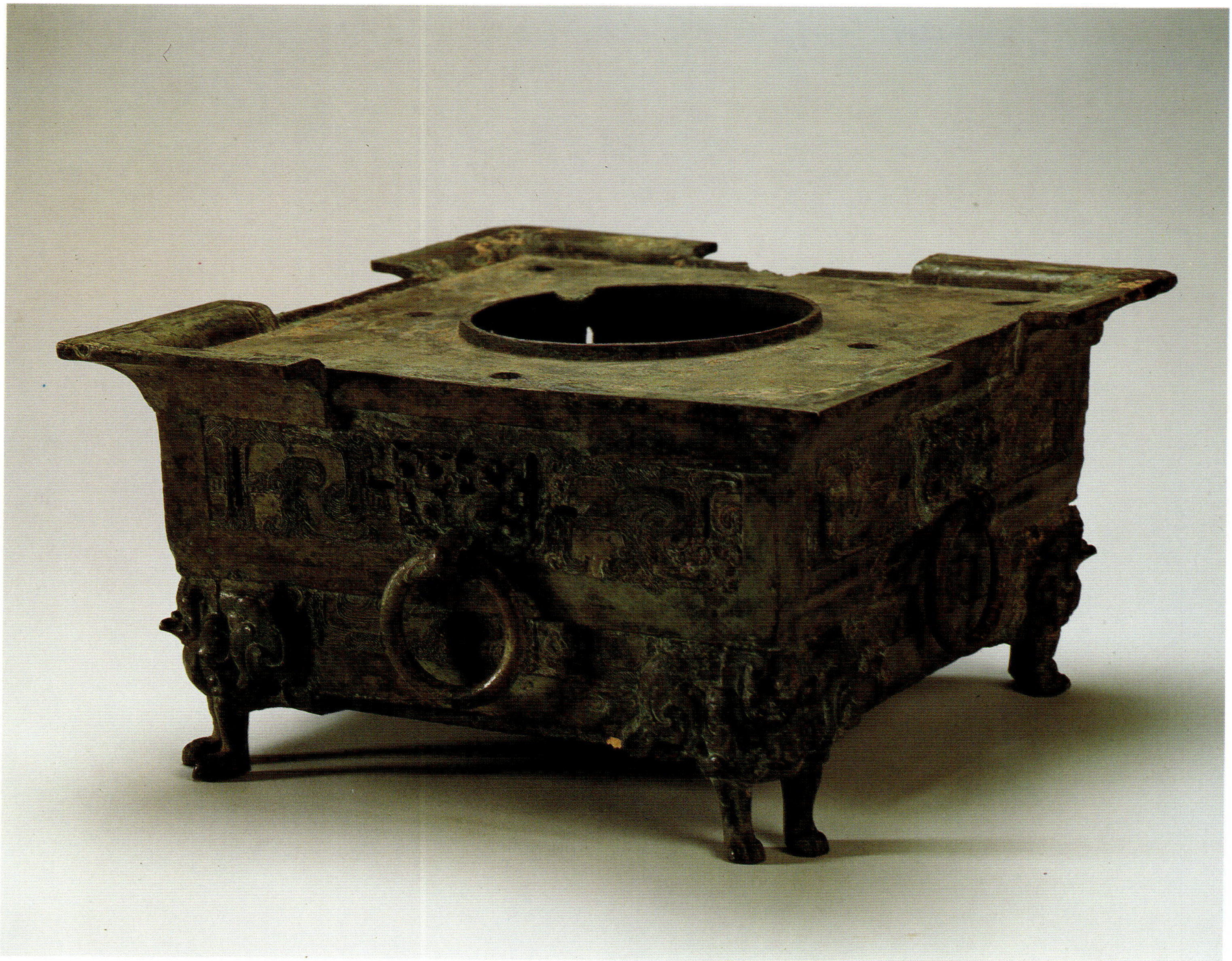

一五三　龍紋方爐　戰國

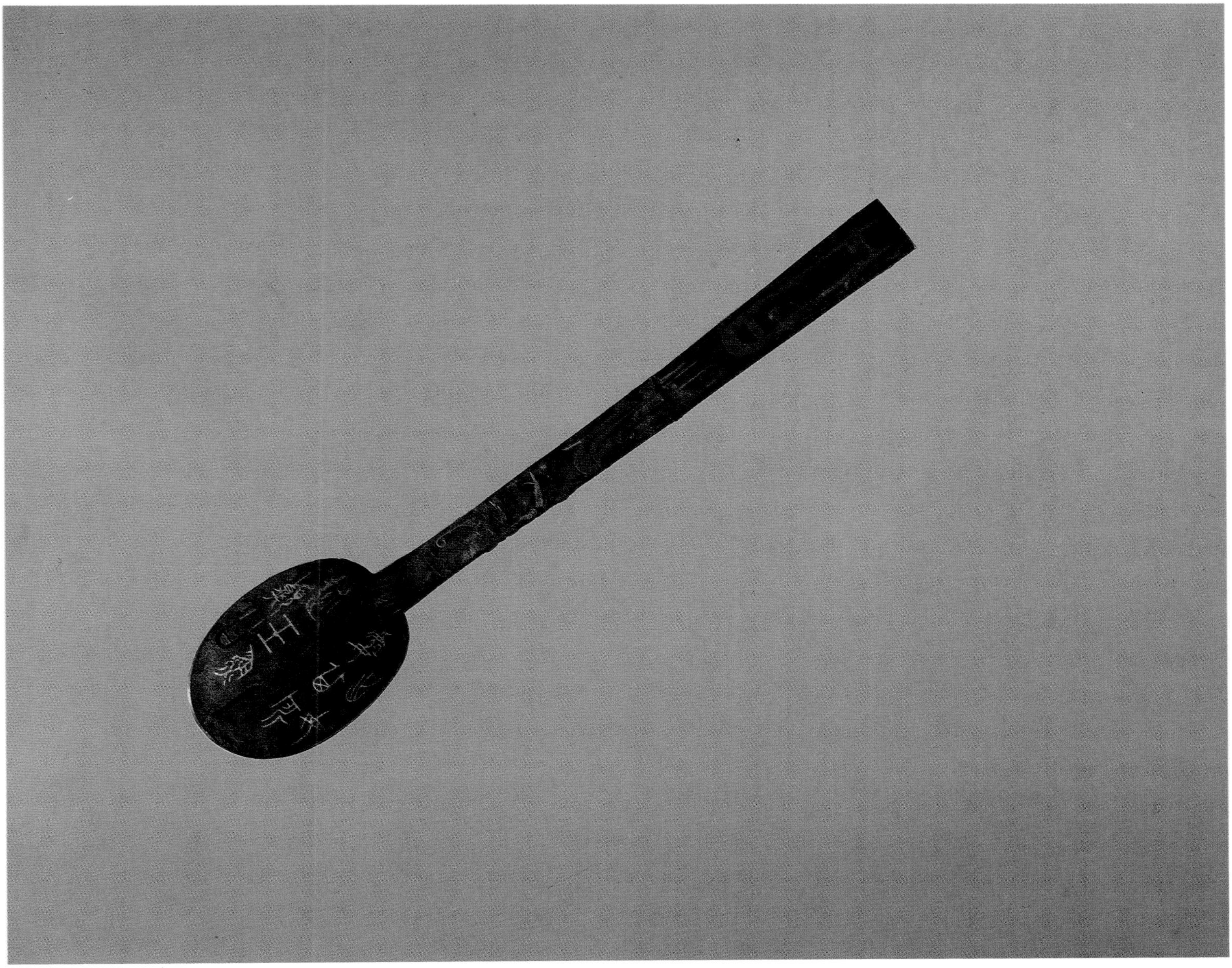

一五四　魚鼎匕　戰國早期

一五五、一五六、一五七　春平侯劍與樂𠍮劍　戰國

一五八　錯金銀戈帽與戈鐏　戰國早期

一六〇　鑲嵌幾何紋帶鉤　戰國中晚期

一五九　龍形帶鉤　戰國中晚期

一六一　鎏金龍紋帶鈎　戰國中晚期

一六二　鎏金獸紋帶鈎　戰國中期

一六三　錯金雲紋牛形帶鈎　戰國

一六四　鎏金虎食人形帶鈎　戰國

一六五　鎏金琵琶形帶鈎　戰國

一六六　竹節形帶鈎　戰國

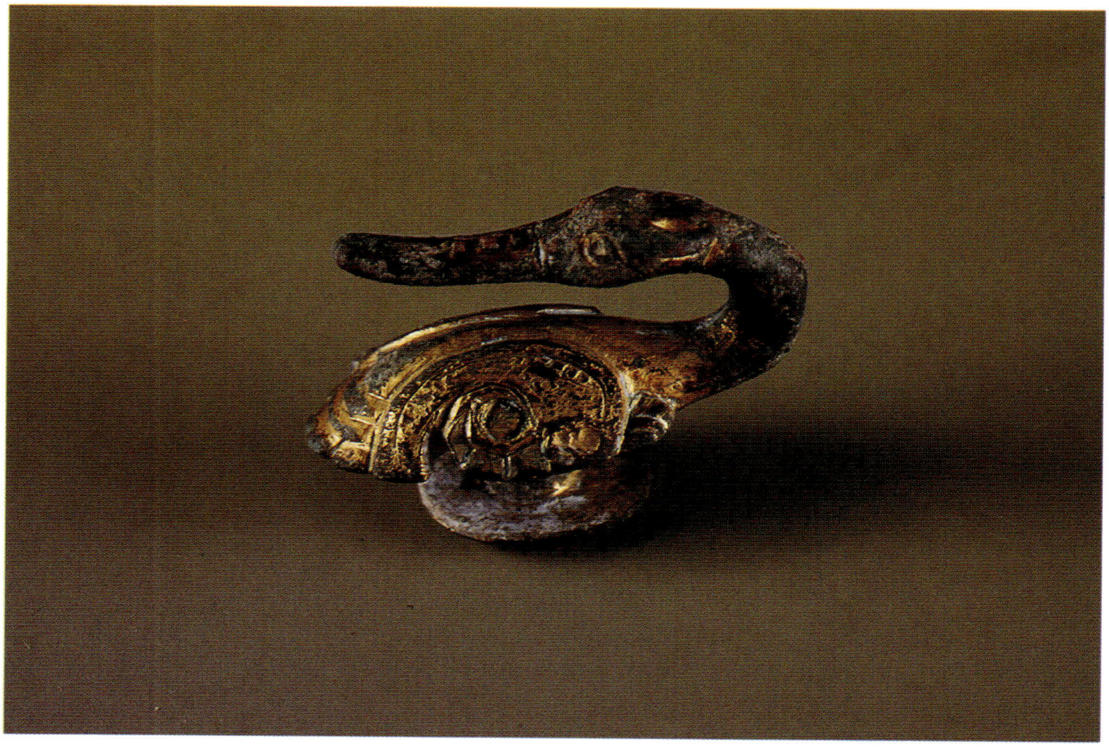

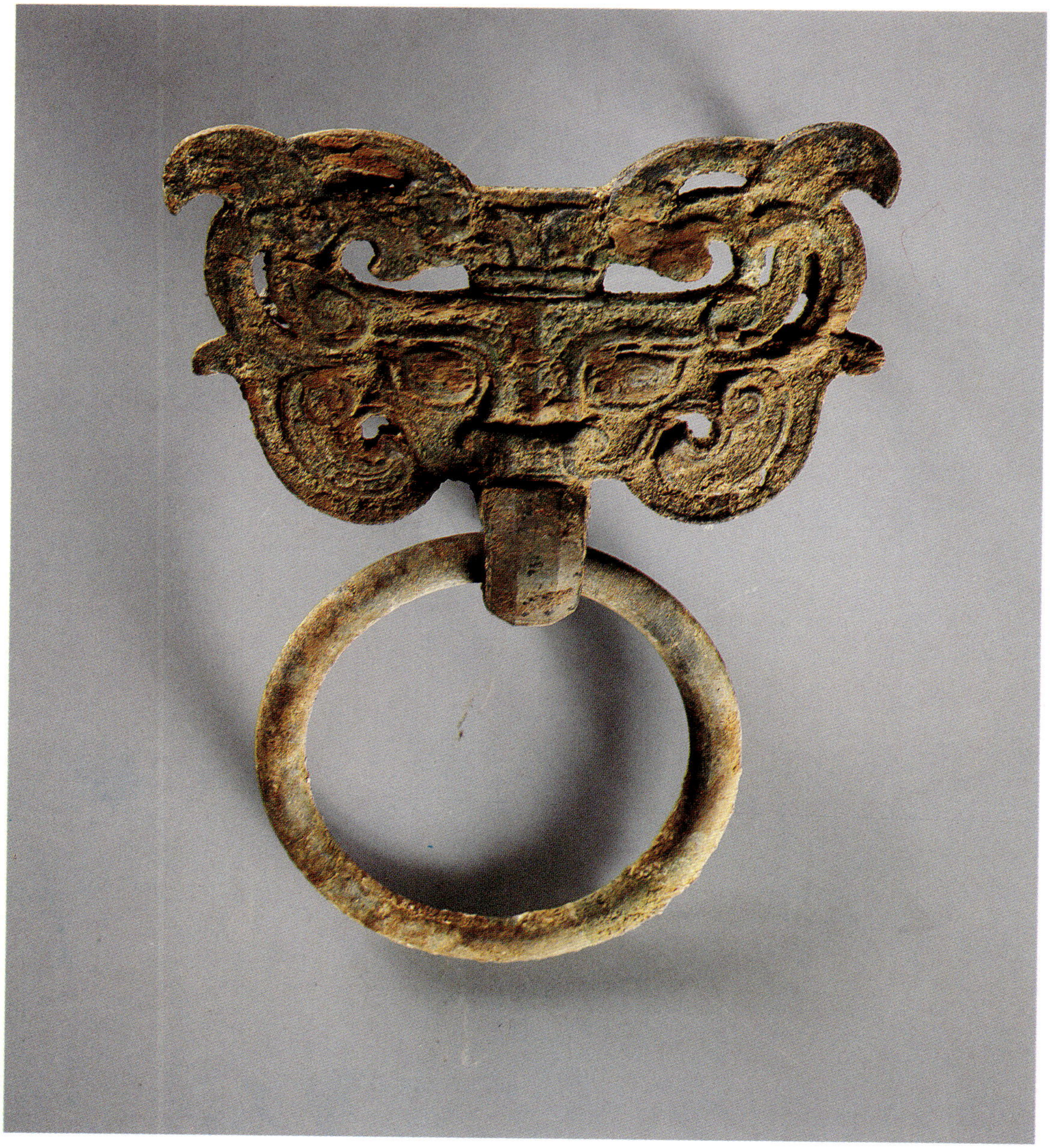

一六七　鴨形帶鈎　戰國中晚期

一六八　棺鋪首　戰國中期

一六九　蟠蛇紋鼎　春秋晚期戰國早期

一七〇　蟠龍紋鼎　春秋晚期戰國早期

一七一　雲雷紋鼎　春秋晚期戰國早期

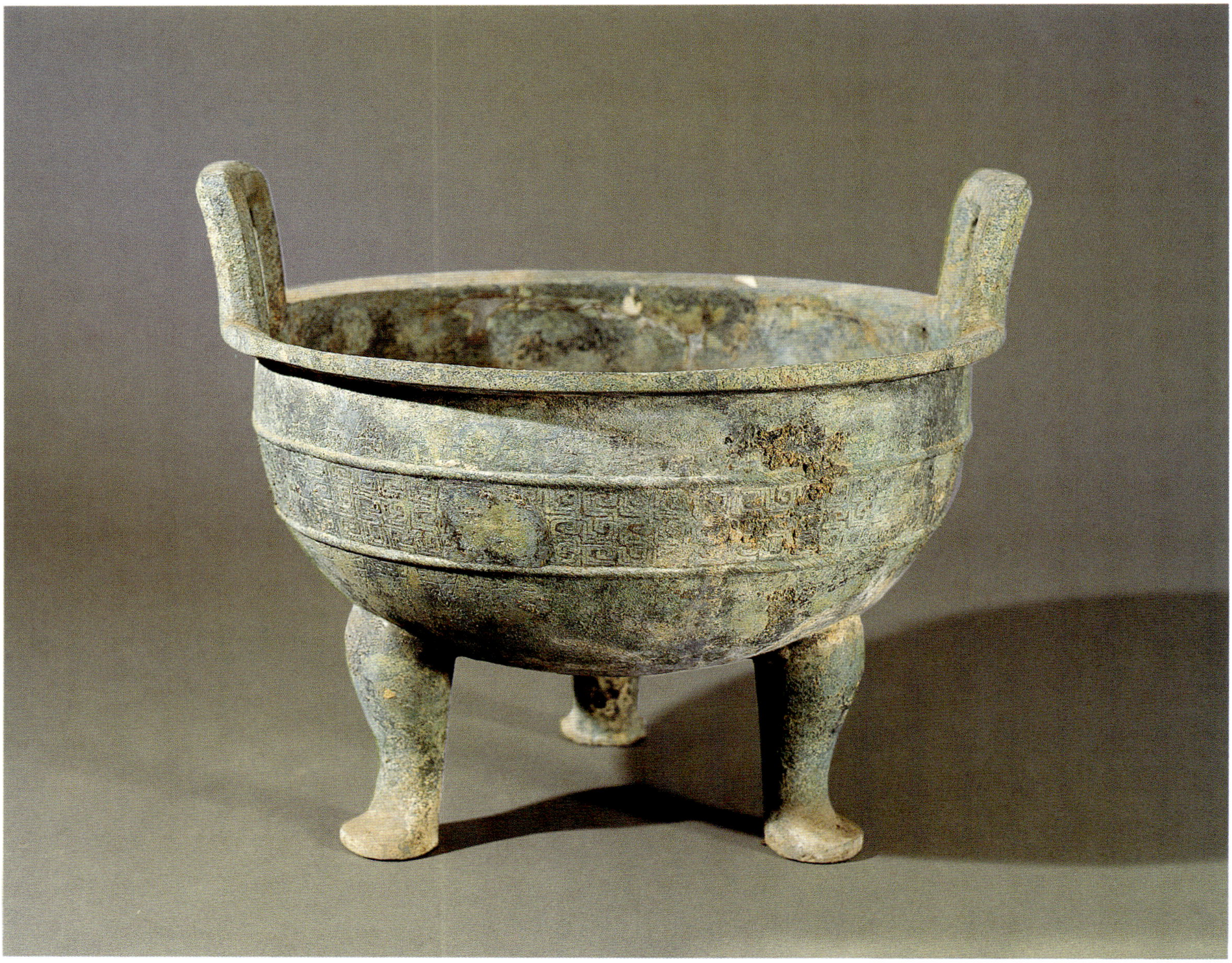

一七二　蟠龍紋鼎　春秋晚期戰國早期

一七三　梁十九年鼎　戰國

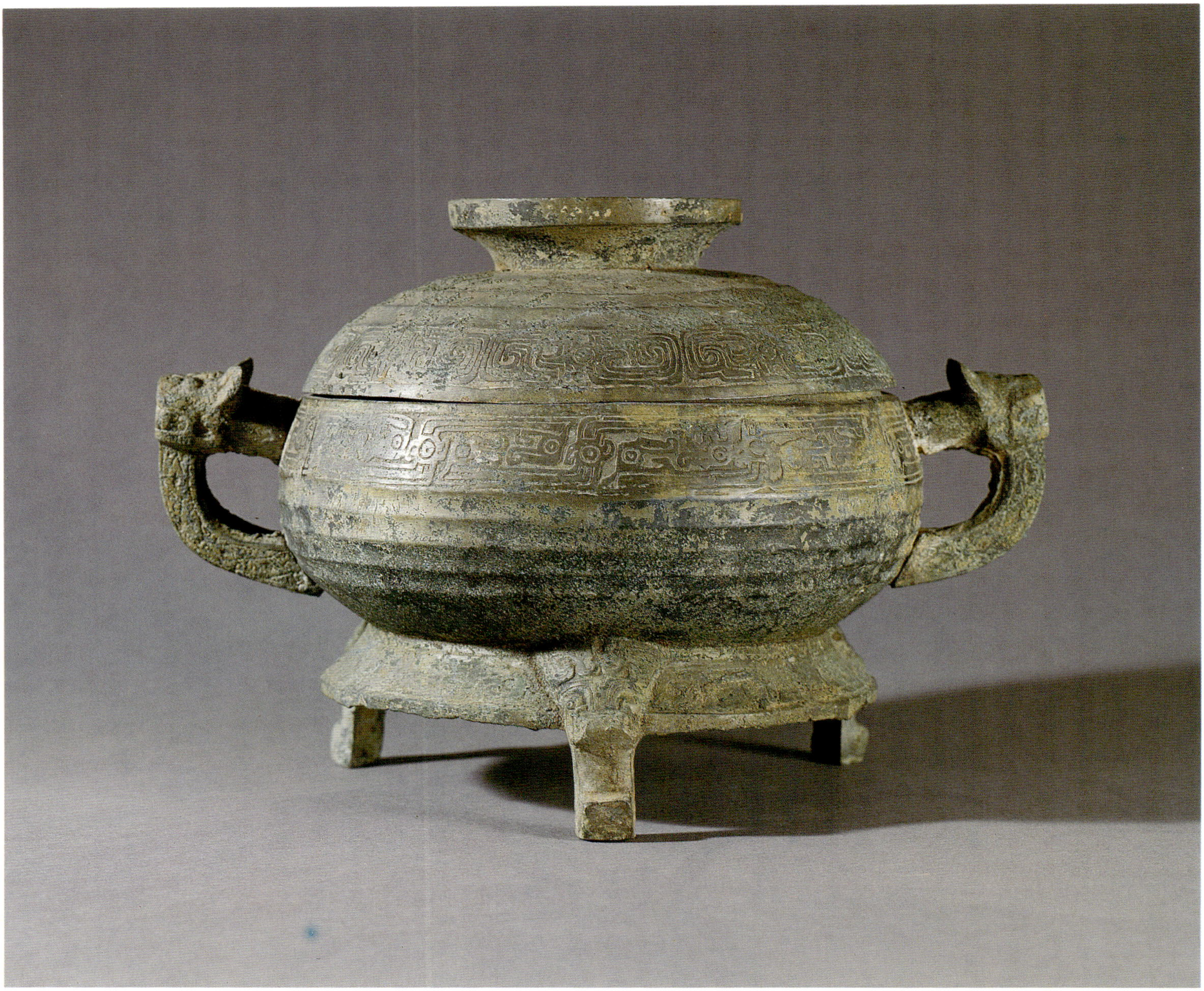

一七四　瓦龔紋三足簋　春秋晚期戰國早期

一七五　變形蟠龍紋方座簋　春秋晚期戰國早期

一七六　簋　春秋晚期戰國早期

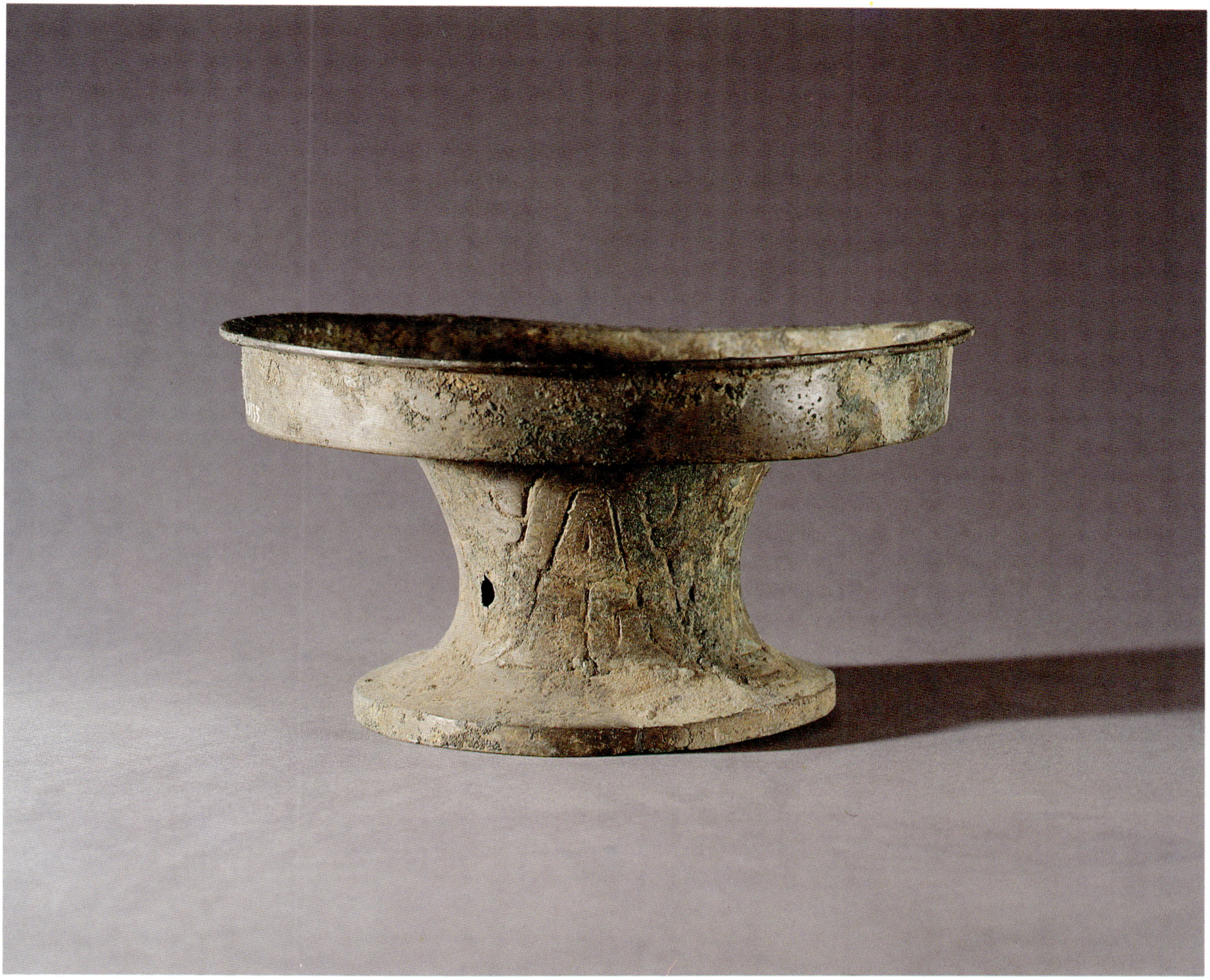

一七七　鏤空波曲紋豆　春秋早期

一七八　變形蟠龍紋豆　春秋晚期戰國早期

一七九　鑲嵌綠松石雲紋方豆　戰國早期

一八〇　蟠蛇紋敦　春秋晚期戰國早期

一八一　敦　戰國早期

一八二　龍耳缶　春秋晚期戰國早期

一八三　鳥紋方壺　春秋晚期戰國早期

一八四　蟠龍紋貫耳壺　戰國早期

一八五　鑲嵌龍紋扁壺　戰國早期

一八六　雲雷紋提梁壺　戰國早期

一八七　淺腹盤　春秋晚期戰國早期

一八八　龍紋鑑　戰國早期

一八九　方匜　春秋晚期戰國早期

一九〇　蟠蛇紋編鐘　春秋晚期戰國早期

5.0.0013
5.0.0012

一九一　錯金銀獸首軏飾　戰國中晚期

一九二　錯銀承弓器　戰國中期

一九三　蟠龍紋鼎　戰國早期

一九四　綯索紋鼎　戰國早期

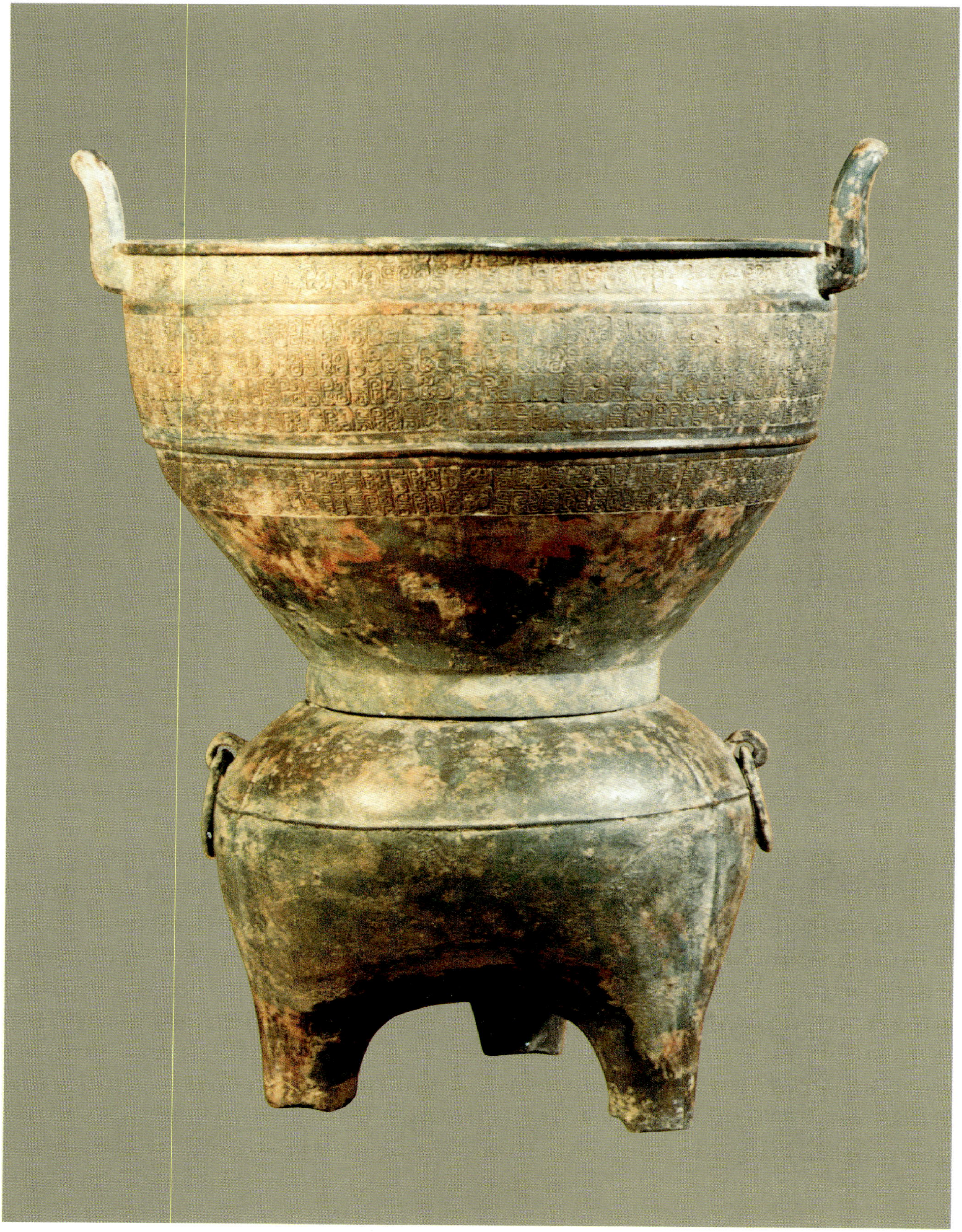

一九五　蟠蛇紋甗　春秋晚期

一九六　乳釘紋蓋豆　-春秋晚期

一九七　幾何紋蓋豆　戰國早期

一九八　豆形器　戰國早期

一九九　弦紋敦　春秋晚期戰國早期

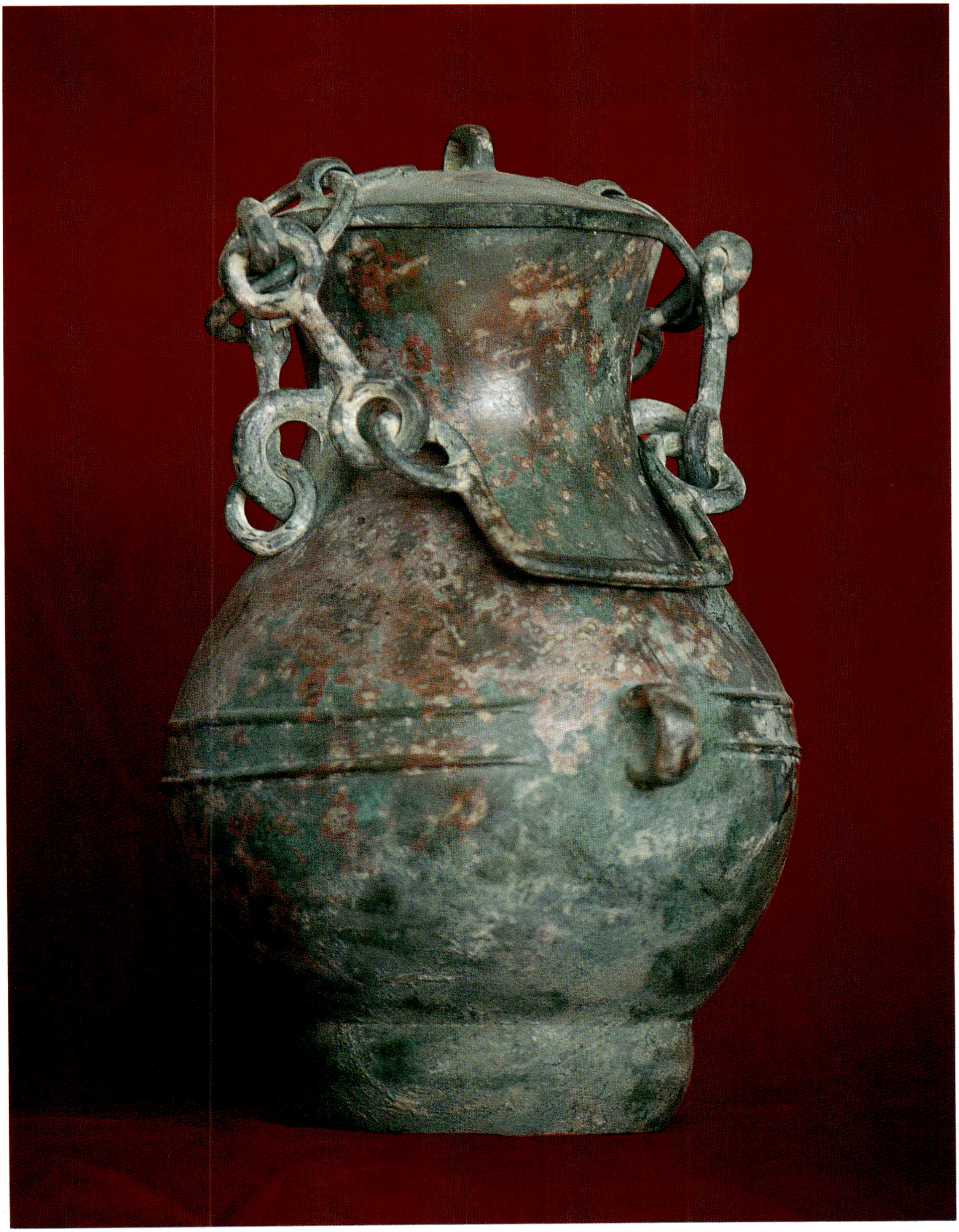

二〇〇　提梁弦紋壺　春秋晚期

二〇一　單耳壺　戰國早期

二〇二　雲紋舟　戰國早期

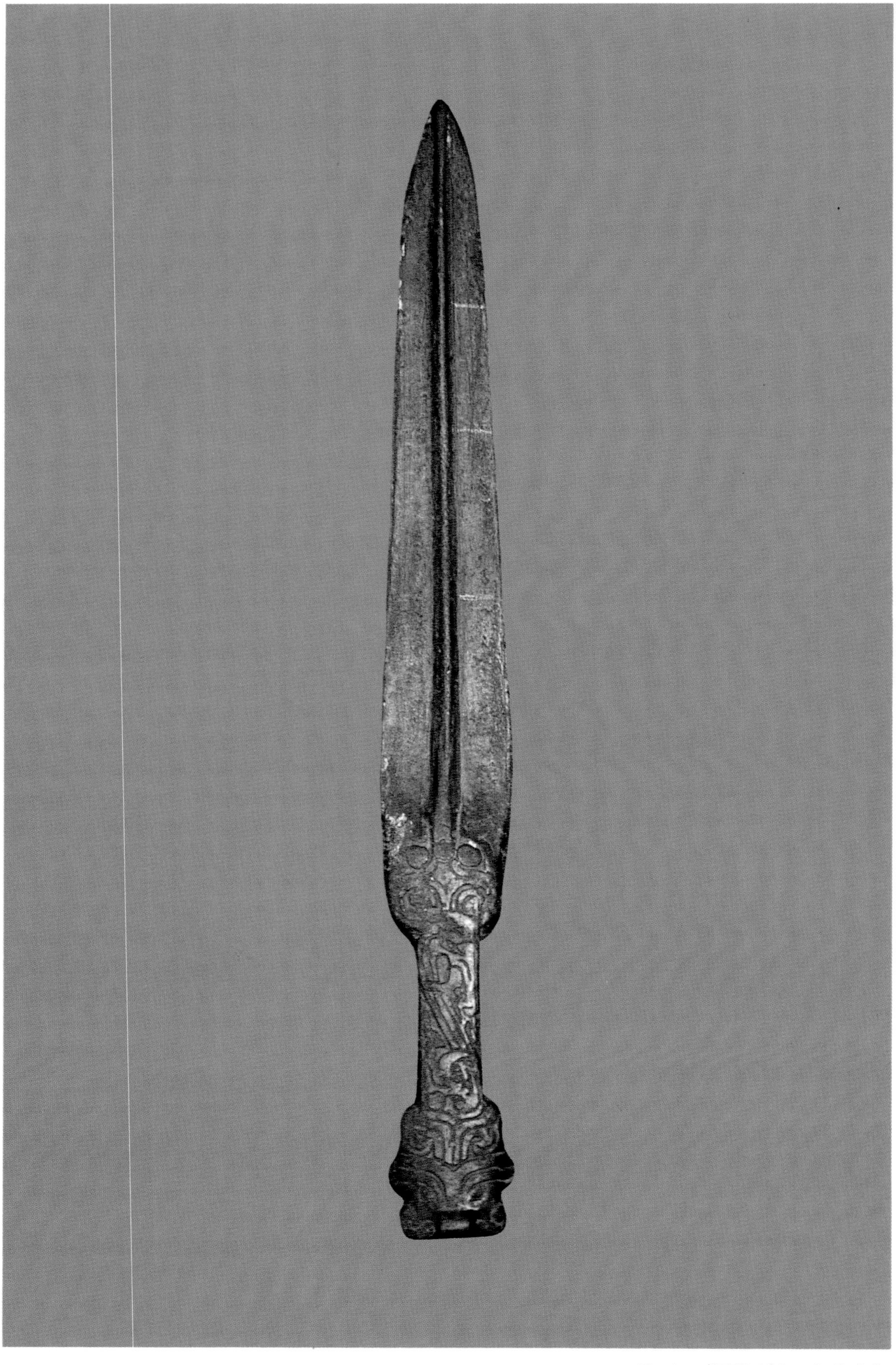

二〇三　虎頭短劍　春秋晚期

二〇四　鳥紋戈帽　春秋晚期

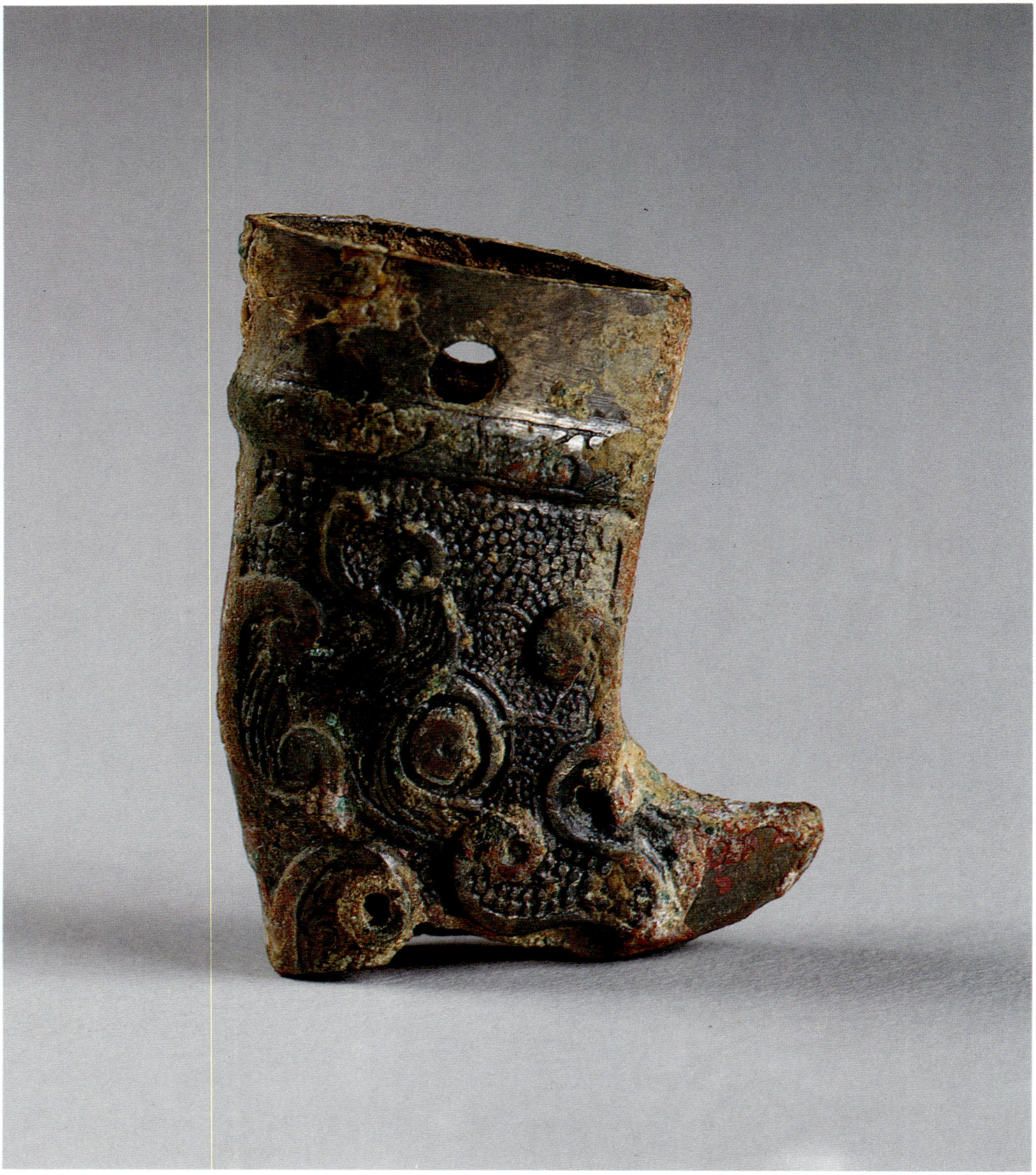

二〇五　靴形鐏　春秋晚期

# 圖版說明

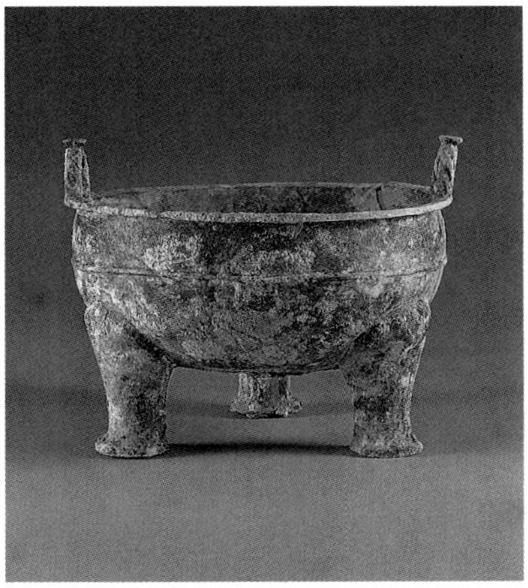

一　弦紋鼎

春秋早期
通高二二·八、口徑二七·七厘米
一九七五年山西聞喜上郭村採集
山西省考古研究所藏

立耳作麻花狀，其上有圓餅扣。平折沿，直壁腹，圜底，下承三個較粗的瓦狀獸蹄足。腹部有一周凸弦紋。

二　回紋鼎

春秋早期
通高二五·二、口徑二三厘米
一九八五年山西侯馬上馬村墓地出土
山西省考古研究所藏

立耳，仰折沿，腹壁弧形內收，圜底，下承三個較高的瓦狀獸蹄足。足根不十分明顯，仍保持西周晚期銅器風格。腹部飾回紋和弦紋。

三　竊曲紋鼎

春秋早期
通高二六·二、口徑二七厘米
一九七五年山西聞喜上郭村採集
山西省考古研究所藏

立耳，平折沿，直腹壁，圜底，下承三個較粗的瓦狀獸蹄足。上腹部環繞竊曲紋和凸弦紋。

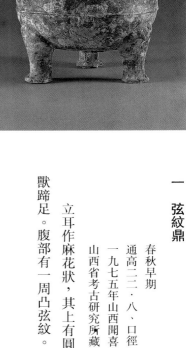

**四　竊曲紋鼎**

春秋早期

通高二五・二、口徑二三厘米

一九八五年山西侯馬上馬村墓地出土

山西省考古研究所藏

附耳，平折沿，腹壁弧形內收，圜底，下承三個既大且粗的瓦狀獸蹄足。頸部飾竊曲紋，下腹部飾二周垂鱗紋。器耳直，緊貼于口沿，蹄足粗大，紋飾鑄鏤深邃，仍保留西周中期鼎的特點。

**五　變形獸紋流鼎**

春秋早期

通高六・四、口徑七・九厘米

一九七五年山西聞喜上郭村出土

山西省考古研究所藏

平蓋，正中有橋形鈕。附耳，敞口，一側有流，深腹，下承三個較矮的瓦狀獸蹄足。此器特殊處在于蓋可將鼎的流完全遮住。蓋上飾竊曲紋，腹部飾一周弦紋，十分諧調、美觀。

**六、七、八　鏤空蟠蛇紋鼎**

春秋中期

通高二四、口徑二六・三厘米

一九六五年山西新絳柳泉墓地採集

山西省考古研究所藏

附耳，折沿，平唇，直頸，弧腹，平底，下承三個獸蹄足。鼎腹有內外兩層。外層是在鼎頸和底之間附加的，由頭高昂、身體卷纏似游動的群蛇形象構成。內層即鼎腹。獸蹄足根飾獸面紋。此鼎外層鏤空鑄造群蛇形象是傳統的鑄造工藝難以達到的，爲目前國內所見用失蠟法鑄造銅器最早的範例。反映了晉國青銅製造工藝的高超水平。

## 九　蟠蛇紋鼎

春秋中期
通高一八·四、口徑一九·四厘米
一九七五年山西聞喜上郭村採集
山西省考古研究所藏

平蓋，上置三個矩形鈕。附耳，弇口，直唇，直腹壁，圜底，下承略高的獸蹄足。蓋素面，腹部飾兩周細蟠蛇紋帶，其間用綯索紋作界紋。

## 一〇　蟠蛇紋鼎

春秋中期
通高三一·八、口徑二三·八厘米
山西省忻州地區文物管理處藏

平蓋折沿，上置三個環形鈕，蓋面飾三道同心圓狀蟠蛇紋。器附耳，斂口，鼓腹，圜平底，下承細高獸蹄足。腹部飾蟠蛇紋。附耳裏外也飾蟠蛇紋。

（李有成）

## 一一、一二　蟠蛇紋鼎

春秋中期
通高二三·五、口徑一六·五厘米
一九六一年山西侯馬上馬村墓地出土
山西省考古研究所藏

蓋器相合作球形。蓋上置三個環形鈕。器附耳略外撇，弇口，圓唇，深腹，圜底，獸蹄足。蓋上飾蟠蛇紋、三角勾紋和垂葉雷紋，正中一臥獸，周身飾條紋。器上腹部飾蟠蛇紋，下腹部飾垂葉紋，內填『[illegible]』紋。紋飾間以綯索紋爲界紋。球形蓋鼎是晉國中期的典型器形，造型奇特，花紋淺細優美。此器最有趣處是在鼎蓋中央作一個小小的臥獸，憨態可掬，十分惹人喜愛。

## 一三　變形獸紋流鼎

春秋中期
通高六·五、口徑八·四厘米
一九六一年山西侯馬上馬村墓地出土
山西省博物館藏

平蓋，上置獸形鈕。附耳，直口，深腹，圜底，獸蹄足，虎首形流。蓋面飾兩條凸起的龍紋，其尾部相纏。器上腹部飾竊曲紋，下腹部飾兩道垂鱗紋。耳飾重環紋。此鼎小巧玲瓏，是春秋早中期晉器常見的樣式，用作食具。

## 一四　蟠蛇紋鼎

春秋晚期
高一八·九、口徑一七·五厘米
一九二三年山西渾源李峪村出土
上海博物館藏

蓋器相合，形體渾圓；附耳，款足。全器線條柔美，形式新穎。蓋置三隻卧虎，昂首屈肢，栩栩如生。全器飾排列規整、細密精緻的蟠蛇紋。爲這一時期青銅器裝飾藝術趨于精細化的一件典型之作。

（周　亞）

## 一五　鑲嵌龍紋鼎

春秋晚期
高一七·五、口縱一四·五、口橫一三厘米
一九二三年山西渾源李峪村出土
上海博物館藏

平蓋折沿，上置三個突起的獸頭，蓋可以却置。器環耳，圜底，下承細長的獸蹄足，一耳與一足相垂直，使整器呈現一種不平衡感，這在同一時期的青銅器上極爲罕見。蓋和器身均環繞用紅銅鑲嵌的龍紋，龍眼用綠松石點綴，裝飾簡練、典雅。

（周　亞）

## 一六、一七、一八　夔龍鳳紋鼎

春秋晚期
通高一〇四、口徑一〇四厘米
一九八八年山西太原金勝村出土
山西省考古研究所藏

附耳，敞口，唇平折，束頸，深腹，獸蹄足。腹部置一對環形耳鈕，便于繫繩提挈。頸部和下腹部飾牛頭雙身蟠龍紋，上腹部飾相交的夔龍、夔鳳和蟠龍紋，腹部中央有一周凸弦紋相隔。耳飾淺線條C形蟠龍紋。足根飾高浮雕的獸面。在夔龍、夔鳳紋間均用三角回紋作填紋。獸面紋間用魚鱗紋、瓦紋和三角回紋作填紋。此器是目前所見春秋時期最大的銅鼎，作鑊鼎燒煮用，是貴族在祭祀、宴饗時煮牲肉及魚臘的炊具。

## 一九、二〇　牛頭龍紋鼎

春秋晚期
通高二六·五—四五、口徑二五·五—四五厘米
一九八八年山西太原金勝村出土
山西省考古研究所藏

趙卿墓所出牛頭龍紋升鼎大小相次成列者共七件。均覆盆式蓋，上有三個環形鈕，可却置。附耳外撇，弇口，唇沿內斂，以承蓋。深鼓腹，平底，獸蹄足。蓋由裏及外共飾四組紋帶，正中和邊沿飾S形鳳紋帶，中間兩圈爲牛頭雙身龍紋帶。腹部飾牛頭雙身龍紋帶，下腹部飾鳳紋帶。耳飾C、S形鳳紋帶。足根飾獸面紋帶。

爲適應宗法等級制度的需要，周代有一套嚴密的禮樂制度。代表等級身份的用鼎制度，是以升鼎爲中心的。升鼎又稱『正鼎』，《左傳·公羊傳·桓公二年》何休注『禮祭：天子九鼎，諸侯七，卿大夫五，元士三也。』趙卿墓中升鼎共有三組，分別爲七鼎、六鼎和五鼎，表示趙卿已僭越諸侯之禮。

## 二一　蟠龍紋鼎

春秋晚期
高三一、口徑三七厘米
一九七九年山西侯馬上馬村墓地出土
山西省考古研究所藏

隆蓋，上置鏤空圓形捉手，可却置。附耳略外撇，弇口，平唇，深腹，圜底，腹部呈半球狀，下承三個瘦形獸蹄足。蓋上圓形捉手由六條向外彎曲的小蛇啣環組成。蓋和器腹均飾有兩周蟠龍紋，腹部以兩周綯索紋和凸弦紋作界紋。均以回紋作填紋。

## 二二　蟠龍紋鼎

春秋晚期
高五五、口徑五四厘米
上海博物館藏

形體較大，蓋有三個環形鈕，附耳，獸首蹄足。蓋頂飾一大冏紋，通體飾蟠龍紋，相互交纏的帶狀龍體上填以繁密的雷紋。下腹部飾一道凸起的綯索紋。

（周　亞）

## 二三　蟠龍紋鼎

春秋晚期
高三〇·六、口徑三四·一厘米
上海博物館藏

蓋、器相合作扁球形，附耳，矮獸蹄足。蓋頂中央飾一火紋，圍以四瓣葉紋，器、蓋共飾蟠龍紋五道，其中腹上部的一道蟠龍紋作一首雙身相蟠繞的形式，在龍的軀幹內還填以精細的幾何紋。

（周　亞）

## 二四　蟠龍紋鼎

春秋晚期

通高二八、口徑二八厘米

一九八八年山西太原金勝村出土

山西省考古研究所藏

覆盆形蓋，上置三個環形鈕，可却置。弇口，唇微斂，圓腹微鼓，腹部有一對獸面鋪首啣環，短粗獸蹄足，弧形襠低矮。蓋面上有三組花紋，由裏及外，中心爲三夔鳳相纏成圓形，第二組爲二首尾相咬的蟠龍紋帶，邊沿爲圖案化的S形龍紋帶。器腹部的兩組紋飾與蓋上S形龍紋帶同，其間用凸弦紋作界紋。各類主要紋飾都以回紋和三角回紋作填紋。此鼎爲趙卿墓所出，同墓出土此式大小相次成列的鼎共五件，屬升鼎。

## 二五、二六　卧牛龍紋鼎

春秋晚期

通高二一—三〇、口徑二四—三二厘米

一九八八年山西太原金勝村出土

山西省考古研究所藏

覆盆形蓋，上置三卧伏狀犀牛作鈕。犀牛昂首，竪耳，圓眼，闊鼻，頭頂飾寶珠。蓋正中有橋鈕，啣環。器弇口，唇微斂，圓腹微鼓，兩側設一對鋪首啣環。鋪首作獸面形，鼻梁爲環狀，懸掛圓環。矮粗獸蹄足。聯襠低平。鼎足的青銅成分與鼎體不一，重量較大，表面光亮，似含有鐵。蓋上有三組花紋，由裏及外，中心由兩鳳鳥構成圓形，第二組飾牛頭雙身龍紋帶，邊沿爲S形夔鳳紋帶。器上腹部爲牛頭雙身龍紋帶，下腹部爲S形蟠龍紋帶。兩組紋飾以凸弦紋作界紋。各主要紋飾內都用回紋等幾何圖案作填紋。此鼎爲趙卿墓所出，同墓出土此式大小相次成列的鼎共六件，屬升鼎。

## 二七　卧虎龍紋鼎

春秋晚期
通高一六·五、寬二〇·五厘米
美國賽克勒美術館藏

覆盆形蓋，上置三卧伏狀虎形啣環鈕。弇口，附耳，寬腹，圜底，獸蹄足。蓋、腹、耳部均飾蟠龍紋帶，耳側面飾綯索紋帶。

## 二八　蟠龍紋鬲

春秋晚期
通高一一、口徑一四·四厘米
一九八八年山西太原金勝村出土
山西省考古研究所藏

折沿，厚唇，微上翹。斂口，束頸，腹部微鼓，平底，瓦狀獸蹄足。肩部有三個龍形扉棱。上腹部有一周蟠龍紋帶，內填以雲紋和三角回紋。龍形扉棱內填圓點紋。此鬲爲趙卿墓所出，同墓出土此式鬲共六件。

## 二九　董矩方甗

西周晚期春秋早期
通高三七·五厘米
一九七八年山西聞喜上郭村出土
山西省考古研究所藏

體扁方，甑、鬲分體，插合而成。甑立耳外撇，平唇，直腹壁，凸平底，上置『冊』字形箅，插入鬲口。鬲附耳，平唇，斜直口，短頸，弧形腹壁，聯襠，四個獸蹄足。甑的腹面上飾夔紋。甑內壁鑄有銘文四行共二十二字，爲：『⿺辶重（董）五氏孫矩作其旅甗，其眉壽無疆，子子孫孫永寶用之。』此甗應是董國的用器。董國原在今山西聞喜境內，後被晉國所滅。

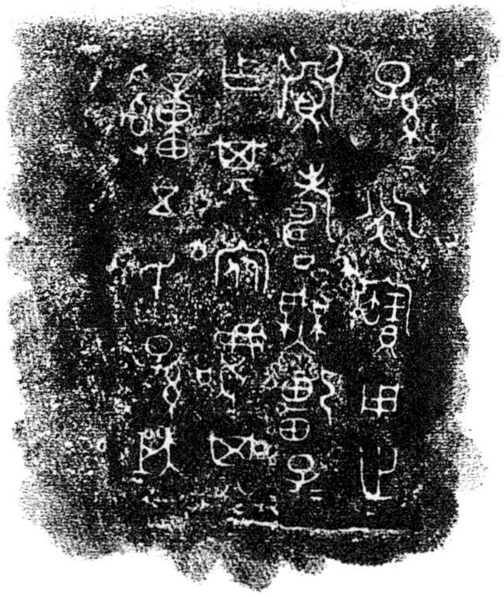

## 三〇　蟠龍紋甗

春秋晚期
通高二九·五厘米
一九八八年山西太原金勝村出土
山西省考古研究所藏

上甑下鬲，弇口相接。甑折沿，厚唇略外撇，直頸，直腹壁，下腹部内收成平底，高圈足，底爲輻射狀圓箅。頸兩側有一對獸面鋪首啣環。頸和下腹部飾有S形夔鳳紋帶，上腹部爲牛頭雙身蟠龍紋帶。均以回紋和三角渦紋爲填紋。鬲直口，肩微鼓，短頸，鼓腹，下半部内收，圜底，三獸蹄足。肩部有一對獸面鋪首啣環。肩部飾有一周牛頭雙身蟠龍紋帶。

## 三一　蟠龍紋甗

春秋晚期
通高五三·四厘米
一九八八年山西太原金勝村出土
山西省考古研究所藏

上甑下鬲，弇口相接。甑平折沿，束頸，寬肩，腹壁收斂較甚，底爲輻射狀圓箅。圈足向外撇。肩、頸間有一對獸面鋪首啣環。鬲直口，寬肩，鼓腹，三個短柱足，聯襠。肩部有一對獸面鋪首啣環。甑頸部飾一周有頭無尾方形夔龍紋，腹部有寬、窄兩周蟠龍紋帶，下腹部飾垂葉紋，内有一對夔龍組合。鬲僅在腹部飾一周凸弦紋。

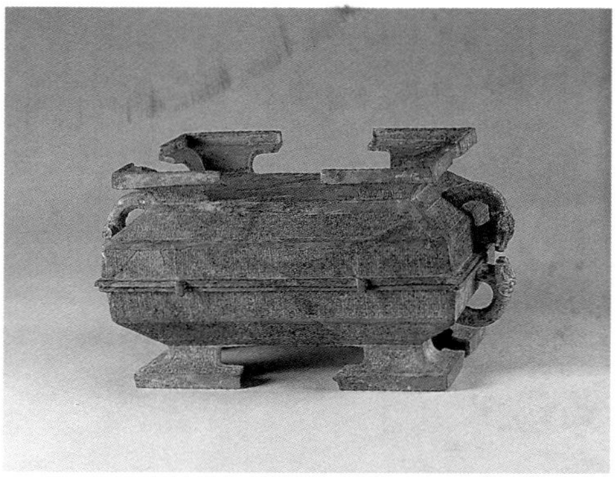

## 三二　弦紋簋

春秋早期
通高二九·二、口徑二七·二厘米
一九七五年山西聞喜上郭村採集
山西省考古研究所藏

立耳微外撇，平唇，直壁，圜底，矮圈足。腹部飾一周凸弦紋。

## 三三　交龍紋簠

春秋
高二一·五、寬三七·五厘米
美國賽克勒美術館藏

蓋、器相同，上下對合而成。蓋器均平唇，直頸，斜腹壁平底，下承曲尺形足。腹壁置一對稱的鋪首環形耳。頸部飾幾何紋，腹壁和圈足飾交龍紋。

## 三四、三五　蟠蛇紋簠

春秋晚期
通高二〇、長三五·六厘米
一九八八年山西太原金勝村出土
山西省考古研究所藏

蓋、器基本相同，上下對合而成。蓋器均作長方矩形，平口，直壁，下腹壁斜折，平底。在蓋器的兩短邊各設一對獸面鋪首環形耳，下承四個曲尺蹼形足。腹壁和蹼形足均飾C形蟠蛇紋。此簠爲趙卿墓所出，同時出土此式簠共兩件。

**三六　變形獸紋鋪**

西周晚期春秋早期
通高一〇·四、口徑一四·七厘米
一九七五年山西聞喜上郭村採集
山西省考古研究所藏

平折沿，直壁，深盤，下承喇叭形柄足。盤壁飾變形獸紋，柄上下均飾波若紋。

**三七　鑲嵌狩獵紋豆**

春秋晚期
高二〇·九、口徑一七·二厘米
一九二三年山西渾源李峪村出土
上海博物館藏

淺蓋如盤，可却置，爲食具。半球形腹，兩側置環耳，下承短柄圈足。器和蓋均飾用紅銅鑲嵌而成的狩獵紋，描繪了在各種禽獸奔騰飛躍之中，獵者手持武器勇武行獵的場面。豆柄足處也飾以紅銅鑲嵌的各類飛禽走獸。以線描的方式來表現人類社會生活場面，這是青銅器裝飾工藝的一大變化，它擺脱了以往青銅器紋飾中傳統的對稱構圖或連續圖案的裝飾方法。

（周　亞）

**三八　四虎蟠龍紋豆**

春秋晚期
高二六·四、口徑一八·六厘米
一九二三年山西渾源李峪村出土
上海博物館藏

蓋與豆盤扣合後呈扁球形，蓋上有較大的圓形捉手，可却置以盛物。下承圓柱柄扁平圈足。豆盤外壁四等分各置一個攀爬狀猛虎，形象生動。器、蓋及柄與圈足連接處均飾蟠龍紋。此豆成對，相同的另一件，現存美國紐約大都會博物館。

（周　亞）

## 三九　鑲嵌粗蛇紋豆

春秋晚期
通高一八、口徑一五·五厘米
一九八八年山西太原金勝村出土
山西省考古研究所藏

蓋作覆碗狀，可却置以盛物。器子母口，唇內斂，深腹，小平底，下承喇叭形矮柄圈足。豆盤兩側置一對環耳。蓋器均飾粗蛇紋，形狀與龍紋相似。此種紋飾爲春秋晚期至戰國錯金銀紋豆上所常見，而此豆則鑲嵌暗紅色礦物塗料，可能是急于下葬而採取的較簡便的裝飾手法。此豆爲趙卿墓所出，同時出土此式豆共四件。

## 四〇、四一　蟠蛇紋豆

春秋晚期
通高二一·三、口徑一八·四厘米
一九八八年山西太原金勝村出土
山西省考古研究所藏

蓋與豆盤扣合後呈扁球形，蓋作覆碗狀，圓形捉手，可却置以盛物。下承矮柄圈足。豆盤兩側置一對環耳。蓋頂捉手飾四周三角回紋、螺旋紋、綯索紋帶。蓋和豆盤飾寬、窄蟠蛇紋共四周。環耳飾貝紋和綯索紋。紋飾圖案化，分節環印，接痕清晰。

## 四二　交龍紋方座豆

春秋晚期
高一七·六、口徑一六·九厘米
一九八八年山西太原金勝村出土
山西省考古研究所藏

平沿，折唇，斂口，束頸，鼓腹內收，腹壁上置對稱的四個環耳，圜底，矮喇叭形圈足，下承方形座。盤壁有寬窄兩周細蛇紋，頸部飾粗綯索紋，環耳有回紋和貝紋。方座上飾S形交龍紋。

**四三　夔鳳紋豆**

春秋晚期
通高一九、口徑一八·四厘米
一九八八年山西太原金勝村出土
山西省考古研究所藏

平沿，厚唇，斜直壁，淺盤，平底，下承束腰高柄喇叭形圈足。盤壁飾一周S形夔鳳紋。圈足飾一周綯索紋。此豆爲趙卿墓所出，同時出土此式豆共兩件。

**四四、四五　幾何紋敦**

西周晚期春秋早期
通高一八·五、口徑二四·二厘米
一九七六年山西聞喜上郭村採集
山西省考古研究所藏

覆盆形蓋，上置喇叭形捉手，蓋沿有三個牛首形卡牙。器寬折沿，束頸，折肩，鼓腹，平底。腹壁上設一對環形耳。蓋頂正中飾一團形蟠龍紋，捉手和蓋面均飾有三角紋，內填幾何形雲紋。

**四六　鑲嵌獸紋敦**

春秋晚期
高一六、口縱一三·五、口橫一二厘米
一九二三年山西渾源李峪村出土
上海博物館藏

器口呈橢圓形，深腹低圈足，腹兩側設環耳。蓋上有三鳥首，可却置。形制特異，應是敦的變體，具有鮮明的地方特徵。蓋和器腹飾紅銅鑲嵌的虎形獸紋，雙耳與圈足上也分別用紅銅鑲嵌出幾何紋和弦紋。

（周　亞）

**四七　交龍紋敦**

春秋晚期
通高一五·三厘米
山西渾源李峪村出土
美國弗利爾美術館藏

隆蓋，上有三鳥形鈕。器弇口，寬腹，弧壁，圜底，喇叭形圈足。上腹部有一對環形耳。蓋和腹部飾交龍紋。鳥身飾羽紋。

**四八　幾何紋敦**

春秋晚期
高一四厘米
美國舊金山亞洲藝術博物館藏

蓋面微鼓，正中爲一環鈕，并設三獸蹄足，可却置。器斂口，鼓腹，環耳，長獸蹄足。蓋、腹飾菱形幾何紋，間以乳釘紋，腹下端飾一周垂葉紋。

（馬今洪）

**四九、五〇　夔鳳紋罍**

春秋晚期
通高三六·三、口徑一七·二厘米
一九八八年山西太原金勝村出土
山西省考古研究所藏

方唇，小口，束頸，溜肩，圓腹，平底。在肩部設兩對形狀、大小、紋飾不同的鋪首啣環耳。口沿外側飾三角回紋，頸部飾夔鳳紋帶，肩和上腹部飾兩周蟠龍紋帶。下腹部飾竊曲紋帶和垂葉紋帶，垂葉紋由夔鳳組合而成。以綯索紋帶爲界紋，回紋、三角回紋作填紋。此器紋飾均採用高浮雕手法製作，花紋清晰、美觀，是晉國青銅工藝中的上乘之作。

**五一　獸形弦紋盉**

春秋中期
高二三·四、口徑一〇·四厘米
一九七二年山西長治分水嶺出土
山西省博物館藏

平蓋，正中設環鈕，以鏈與提梁相連接。器小口，直沿，腹扁圓，三個獸蹄足。提梁作獸形，呈探首卷尾俯伏狀。流作獸形，昂首張口，頸繫帶圈。器腹部飾兩道凸弦紋，獸形提梁飾鱗紋，足根飾有獸面。

**五二、五三　鳥尊**

春秋晚期
通高二五·三、長三三厘米
一九八八年山西太原金勝村出土
山西省考古研究所藏

全器鑄成一昂首挺立的鷙鳥。頭頂鳳冠，雙目圓睁。尖喙，可開合。細長頸，腹腔中空。鳥全身羽毛豐滿，羽紋清晰，雙翅、尾部羽毛高叠。鳥背上置虎形提梁，并設弧形蓋，蓋與鳥身羽毛啣接嚴密，渾然一體。鳥兩腿直立，足間有蹼。鳥尾部置一虎形支脚，小虎作昂首蹬地盡力支撑狀，以求鳥尊平衡穩定。全器比例合度，鑄造工藝精巧，是晉國晚期青銅工藝的傑作。

**五四　子乍弄鳥尊**

春秋晚期
通高二六·五、寬二一·八厘米
傳山西太原出土
美國弗利爾美術館藏

全器鑄成凶猛的鴞鳥。昂首，挺胸，雙腿直立。鳥首與身分體，用榫卯結合。尖喙，可開合。鳥首飾羽紋、回紋和點紋。頸部飾變形夔紋，內填回紋。肩部飾夔龍紋，背部飾高浮雕羽紋。腹部飾鱗紋和夔紋。足部飾雲紋。鳥首背後錯金四字『子乍弄鳥』。此鳥尊不能立穩，其尾部下方似丢失一支撑用小獸。

## 五五、五六、五七、五八　犧尊

春秋晚期
高三三・七、長五八・七厘米
一九二三年山西渾源李峪村出土
上海博物館藏

尊作水牛形，牛頸及脊背上有三穴，中間一穴套有一鍋形器，可以取出。牛腹中空，可容水。按其構造，當爲温酒器：牛背上的鍋形器可以容酒，牛頸及後脊上的空穴可以注水于尊腹以温酒。此類構造的獸形尊，目前所見僅此一例。犧尊紋飾華麗繁縟，造型新穎，牛首、頸、身、腿、臀等部位都飾有以盤繞回旋的龍蛇紋組成的獨特的獸面紋。在牛頸及鍋形器的口邊上飾有虎、犀等動物的浮雕，形態生動，製作精美。

（周　亞）

## 五九　垂鱗紋壺

春秋早期
通高四一、寬二九・五厘米
美國賽克勒美術館藏

小圓口，斂頸，鼓腹，小平底。肩部置一對獸首形環耳，下腹部亦有一環耳。紋飾分上下兩組，均爲三周垂鱗紋帶。兩組紋飾間以寬弦紋相間隔。

## 六〇　陳公孫𧦧父旅壺

西周晚期春秋早期
通高二八・五、口徑横九・五厘米
一九七八年山西聞喜上郭村出土
山西省考古研究所藏

扁形壺。長方形直口，束頸，鼓腹，小平底。在肩部和下腹部的一側置環形耳，共三個。上腹部飾一周夔龍紋。在壺口的一側鑄有銘文五行共二十字，爲：『陳公孫𧦧父作旅瓶，用祈眉壽萬年無疆，永壽用之』。壺自銘陳國旅瓶，當屬河南陳國鑄器。

## 六一　交龍紋方壺

春秋早期
通高七四、腹寬四三厘米
美國賽克勒美術館藏

扁方形蓋，上置一周波紋狀立雕裝飾，中間站立小獸，窺視狀。其身有唇，插入蓋孔。器敞口，斂頸，腹部寬，最大徑在腹底。喇叭方形圈足。肩部置一對鋪首啣環耳。蓋和圈足飾雙龍紋，頸、腹部飾交龍紋和幾何形龍紋。

## 六二　夔龍紋方壺

春秋中期
通高八四·五、口徑二三·五厘米
一九六一年山西侯馬上馬村墓地出土
中國歷史博物館藏

杯形蓋，頂呈鏤空斗形，飾有相互糾纏的蟠蛇紋。器敞口，方頸，方鼓腹，下腹收縮成小平底，下承較高的方形鏤空喇叭式圈足。頸兩側設鋪首啣環耳。蓋、頸、腹四隅均置扉棱式的夔龍，上下伏獸對稱，互相呼應。頸上部飾一周波狀紋，下部飾一周S形夔龍紋。腹部飾雙夔龍紋帶。蓋與腹中部均飾神化的龜紋。圈足飾鏤空的蟠龍紋。壺頸長腹短，重心下移，俏麗和諧，有穩定感，紋飾則繁縟華麗，堪稱藝術精品。

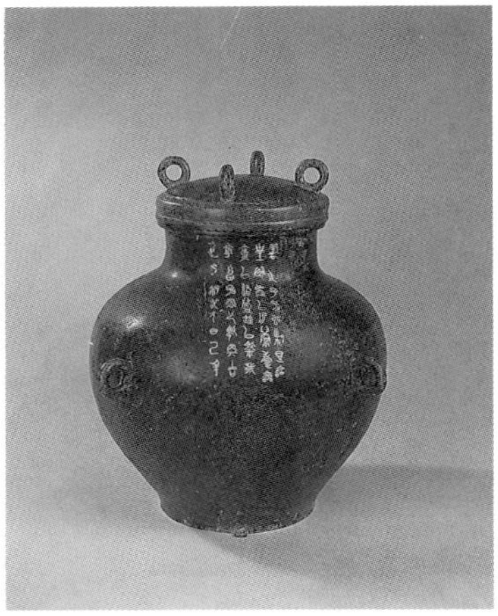

## 六三　欒書缶

春秋中期
通高四〇・八、口徑一六・五厘米
中國歷史博物館藏

弧形蓋上置四環鈕，均飾斜角雲紋。器平唇直頸，鼓腹，小平底。腹中部有四個對稱的環鈕，飾以雲紋。器素面，自頸至肩下有錯金銘文五行，共四十字。蓋內另有銘文八字，爲器銘前二句，也有學者認爲係僞刻。

欒書係晉國大臣（見《左傳》），卒于公元前五七三年。晉國青銅器上施以長篇錯金銘文，特別是將銘文鑄錯在器物表面上的例子十分罕見。此缶器形規整，錯金銘文熠灼閃光，代表了春秋時期晉國青銅鑄造工藝的先進水平。

## 六四　綯索龍紋壺

春秋晚期
通高四四・六、寬二六・六厘米
傳山西渾源李峪村出土
美國弗利爾美術館藏

高體束頸鼓腹。頸部置一對獸形耳。口沿下飾內填一對夔龍的垂葉紋帶。頸腹部有帶狀紋飾五道，均以綯索紋帶爲界紋。第一、三道紋飾爲夔龍紋，第二道紋飾爲夔鳳紋，第四道紋飾爲鳥獸紋，第五道紋飾爲內填夔龍的垂葉紋。圈足飾垂葉紋帶和變形龍紋帶。全器紋飾精美。

## 六五、六六、六七　鳥獸龍紋壺

春秋晚期
高四四・二、口徑一六・五厘米
一九二三年山西渾源李峪村出土
上海博物館藏

高體束頸鼓腹。自口沿下有帶狀紋飾四道，前三道作蟠龍和人首鳥體的怪獸相糾纏狀，其中第二道紋飾倒置。第四道紋飾爲獸面啣兩蟠龍，相對展開。每道紋飾的間隔處各飾浮雕的牛、犀、虎、豹等動物，其中有猛虎噬人或咬蛇的形象。腹下

部飾一周佇立的大雁，昂首曲頸，姿態生動。鳥獸龍紋壺兩件成對，形制、紋飾均相近，按其紋飾結構當與同時出土的犧尊屬一組酒器。（周　亞）

**六八　鑲嵌獸紋壺**

春秋晚期
通高三二·八、口徑一〇·三厘米
一九二三年山西渾源李峪村出土
中國歷史博物館藏

弧形蓋上一對環耳垂環。器斂口，平唇，束頸，寬肩腹，圈足。頸腹間有一對環耳垂環，下腹部正中另置一環。蓋上飾三組獸紋，壺頸部飾兩組鑲嵌紅銅片的➤形紋，腹部飾兩周奔跑的獸紋，環耳上鑄有雲紋和瓦紋。

**六九　狩獵紋壺**

春秋晚期
通高三九·四厘米
美國舊金山亞洲藝術博物館藏

平唇，束頸，寬肩，圜底，圈足，肩部一對環耳垂環。花紋共分八層：第一、第八兩層爲鳥紋，第二、第五層爲雲紋，第三、四、六層爲狩獵紋，第七層爲射鳥紋。圈足上飾斜方格紋。此器造型美觀，紋飾清晰，尤以狩獵紋形象生動活潑，是件不可多得的藝術珍品。（馬今洪）

**七〇　獸紋壺**

春秋晚期
通高四六·四、寬二四·一三厘米
美國舊金山亞洲藝術博物館藏

盆形蓋，弇口。器平唇，敞口，束頸，寬肩腹，圜底，圈足。肩部附一對獸形耳。器通體鑄刻紋飾，有四組寬獸紋帶，以窄三角雲紋帶相間隔。紋飾上各種動物或跳，或跑，千姿百態，十分生動。（馬今洪）

## 七一、七二　蟠龍紋華蓋方壺

春秋晚期
通高六六·七、口徑二三·四厘米
一九八八年山西太原金勝村出土
山西省考古研究所藏

蓋似華冠，環頂四周飾八片鏤孔花瓣形，外侈，下接子母口，插入壺口內。壺體扁方。直口厚唇，束頸修長似扁方筒，頸兩側附一對壯碩的獸形耳，獸回首卷尾，呈蹲立狀。壺折肩外弧，鼓腹，圜形底，下承喇叭形方座，圈足。華冠蓮瓣，鏤空立雕雙蟠龍，周沿有卷雲紋和∧形紋。頸部飾倒置舌形花瓣，由兩條S形雙頭蟠龍構成，下飾兩周竊曲紋帶。腹部分爲八區，每區均有四條蟠龍紋構成的方形圖案，圈足上部飾竊曲紋，下部爲菱形紋。獸形附耳用鱗紋、雲紋、瓦紋作填紋。此壺爲趙卿墓所出，同式方壺共出土四件，均置于大鑑內。此壺造型優雅，紋飾繁縟精美，龍螭糾合，翻江倒海，栩栩如生。

## 七三　令狐君嗣子壺

春秋晚期
通高四六·五、口徑一四·八厘米
一九二八—一九三一年間河南洛陽金村出土
中國歷史博物館藏

蓋作鏤空六花瓣形，外侈。器短頸鼓腹，肩兩側設一對小環耳垂環，低圈足。蓋飾蟠蛇紋，腹部飾五周蟠蛇紋。有銘文二十三行共五十字，爲：『隹十年四月吉日，命瓜（令狐）君嗣子乍鑄尊壺，柬柬獸獸，康樂我家，屖屖康盄，承受屯德，旂無疆至于萬億年，子之子，孫之孫其永用之。』

洛陽金村係周墓所在地。二十年代至三十年代初遭盜掘，出土大量青銅器精品，多流落海外。令狐君嗣子壺共兩件。學者考證鑄于公元前四一六或前三九二年，器主爲魏貴族後裔，可能在周王朝中任職，此壺蓋形尚沿襲春秋時風尚，器形屬新式。一九九三年底太原趙卿墓地附近一座春秋晚期墓中曾出土一件同式壺，兩者造型相同，但後者蓋與壺身紋飾均嵌鑄紅銅，紋飾爲夔龍和鳥紋。

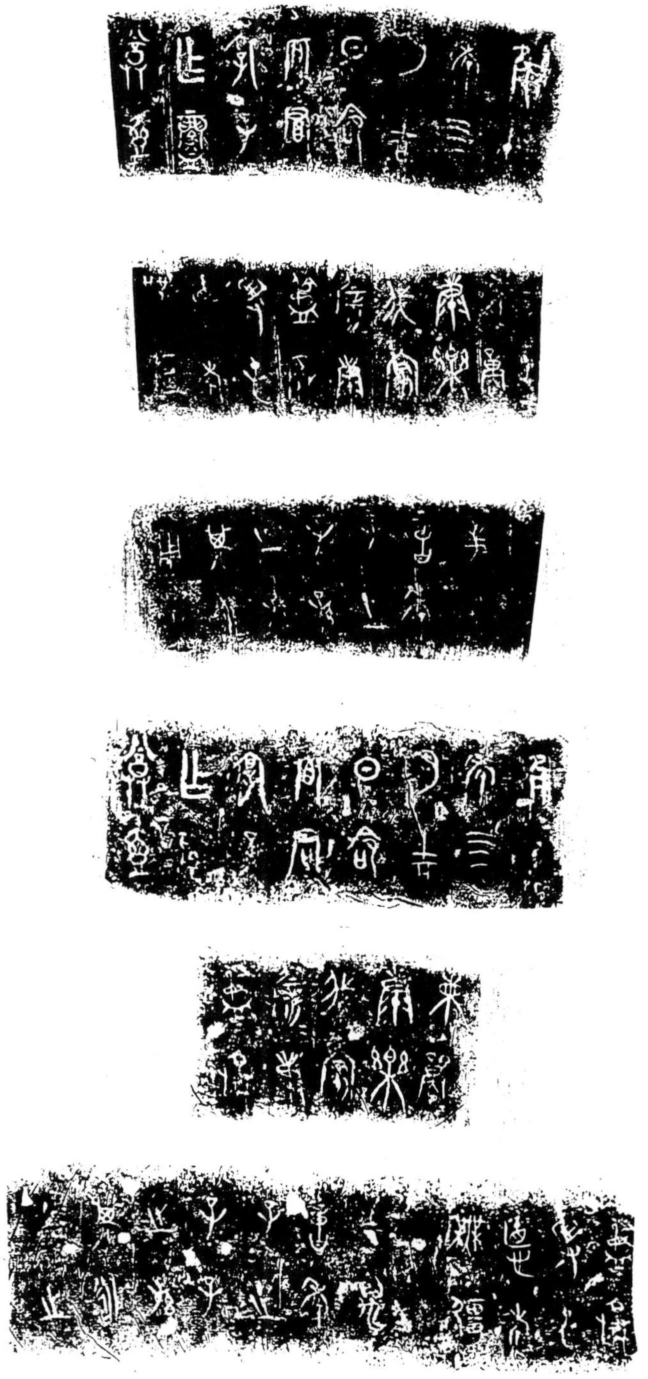

## 七四　蟠龍紋壺

春秋晚期

通高四七、口徑一五厘米

一九九四年山西太原金勝村出土

山西省考古研究所藏

蓋作蓮花瓣形，外侈，圓箍，中空。器敞口，長頸，鼓腹，平底，矮圈足。最大徑在下腹部。頸兩側置一對獸形耳。蓮瓣鑄有蟠龍紋，圓座飾絢索紋，壺身有五周蟠龍紋，其間用絢索紋帶作界紋。圈足亦飾絢索紋。獸形耳飾卷雲紋和羽紋。此壺造型優美，周身布滿紋飾，是晉式銅器中又一件力作。

## 七五　蟠龍紋壺

春秋晚期
通高四一・四、腹徑二七・八厘米
一九七七年山西長子牛家坡出土
山西省長子縣博物館藏

蓋弧形，上置三環鈕。器弇口微侈，長頸，鼓腹，腹部最大徑在中部，平底，矮圈足。肩部設一對鋪首啣環。蓋和圈足飾綯索紋。頸飾倒置蕉葉紋，內填蟠龍紋。腹部有三周蟠龍紋，均以綯索紋爲界。環飾三角雷紋。此器的紋飾清晰，構成嚴密，屬晉國晚期典型的銅壺裝飾紋樣。

## 七六　細蛇紋壺

春秋晚期戰國早期
通高四六、寬三二厘米
美國賽克勒美術館藏

敞口，斂頸，鼓腹，平底，矮圈足。頸部有對稱的兩組鋪首啣環，似四繫。肩部有一對較大的鋪首啣環耳。肩腹部有八組裝飾紋帶，由細蛇紋帶和變形夔紋構成，均以寬素弦紋爲界紋。鋪首飾有回紋。

## 七七　鑲嵌幾何紋高柄方壺

春秋晚期
通高二七・五、口徑四・四厘米
一九八八年山西太原金勝村出土
山西省考古研究所藏

蓋盝頂四阿式，上有四個環形耳鈕。器弇口平沿，小方口，承蓋。頸部微收，溜肩，鼓腹，下腹內收，平底。下承喇叭形長柄圈足。在盝頂蓋的正中飾相交的二龍，呈卍形，是我國文物中見到的較早的卍字形態。四隅飾心形圖案。壺身飾菱形和楔形銀錠狀圖案。最優美之處是在高柄部飾有三組似鶴的神鳥圖案，上面二組均以四隻神鳥環繞，鳥昂首翹尾，闊步行走；下組八隻神鳥，蹲坐引頸，仰視上方。此壺紋飾生動精美，均以黑紅色礦物顏料鑲嵌而成，估計是錯金銀器尚未完成便作爲明器入附墓室的。

**七八　狩獵紋方壺**

春秋晚期
通高三七・二、寬二二・五厘米
美國弗利爾美術館藏

敞口，斂頸，寬腹，平底，圈足。肩部置一對鋪首啣環耳。壺身四面紋飾相同。頸部飾相對的鳥啣蛇紋，肩部飾奔車射獵紋，上腹部飾射獵紋，下腹部飾兩周有旌旗狩獵舞蹈紋。圈足飾變形三角鳳鳥紋。此器紋飾凸起，內容豐富，形象生動活潑，栩栩如生。

**七九　錯金銀鳥紋壺**

戰國早期
通高一二・八、寬九・一厘米
美國賽克勒美術館藏

敞口，斂頸，鼓腹，平底，矮圈足。肩部設一對鋪首啣環耳，缺一環。頸、腹部共有三周錯金銀的團形鳥紋。腹部裝飾紋帶間有三周弦紋。此器紋飾布局疏密有致，色彩異常美觀。

**八〇　扁壺**

春秋晚期
通高三八・四、口徑一四・二×一二・四厘米
一九八八年太原金勝村出土
山西省考古研究所藏

方角橢圓形直口，平沿，溜肩，鼓腹，平底，圈足。在肩部的兩側和下腹部的一側均置有環形耳。腹部飾有繩絡紋。此壺類似游牧民族騎馬所用的揹水壺，可能是吸取北方戎狄等少數民族文化的實例。

**八一、八二、八三　蟠蛇紋匏壺**

春秋晚期
通高四〇・八、口徑六・七厘米
一九八八年山西太原金勝村出土
山西省考古研究所藏

蓋呈伏鳥形，頭頂長冠，雙目圓睁，鈎形尖喙。鳥身俯伏蹲坐狀，頸、腹部中空，鳥身羽毛豐滿，雙翅搭在背部，一對利爪緊緊抓住兩條掙扎扭曲的小龍。器頸側斜，鼓腹，平底，矮圈足。肩部一側附有虎形提梁，虎昂首張口，蹲伏狀。虎口啣環，環上有鏈，與鳥尾部相連。壺頸飾一周綯索紋，腹飾四周蟠蛇紋，虎形提梁飾重環紋、鱗紋和雲紋。此壺形同匏瓜，用于盛玄酒。

**八四　蟠龍紋瓠壺**

春秋晚期
通高三七・五、口徑五・八厘米
一九六七年陝西綏德出土
陝西歷史博物館藏

蓋呈伏鳥形，尖喙有冠。器作側頸鼓腹，圈足，匏瓜狀。有雙首龍形鋬，以鏈與蓋鳥尾相連。腹部飾六周浮雕蟠龍紋。花紋纖細，造型優美。此壺出土地綏德臨近黃河，春秋晚期在晉管轄範圍內，應屬于晉器或魏國之器。

**八五　蟠蛇紋匏壺**

春秋晚期
通高三八、寬一三・四厘米
美國賽克勒美術館藏

蓋呈鳥形。器長頸，圓鼓腹，平底，匏瓜狀。壺一側設一對環形耳接以提梁。壺身飾三周細蟠蛇紋。

**八六　交蛇紋舟**

春秋晚期
通高八·二、口徑一六·五×一三·五厘米
一九八八年山西太原金勝村出土
山西省考古研究所藏

斂口，直唇，束頸，直腹壁，圜底，圈足。肩部設一對環形耳。舟體飾相互糾纏的細蛇紋，繁而不亂，工藝精湛。

**八七、八八　魚龍紋盤**

春秋早期
通高一一、口徑三一·三厘米
一九七五年山西聞喜上郭村採集
山西省考古研究所藏

附耳，折沿，圜底，高圈足。腹外壁飾竊曲紋。盤內底飾夔龍紋，內壁飾一周魚紋。紋飾簡潔生動。

**八九　獸耳盤**

春秋早期
通高一四·六、口徑三一·六厘米
一九七五年山西聞喜上郭村採集
山西省考古研究所藏

折沿，弧腹壁，圜底。兩側置一對獸形耳，獸啣盤沿。下承矮圈足，附三個小方鈕足。紋飾已不清晰。

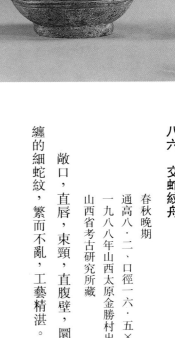

## 九〇　夔鳳紋盤

春秋晚期
通高一九・六、口徑四八・三五厘米
一九八八年山西太原金勝村出土
山西省考古研究所藏

附耳，平口，厚唇，直壁，淺腹，下腹圓弧，平底，下承三個獸蹄足。盤腹飾一周S形夔鳳紋。附耳上飾兩隻剛勁有力的鳳腿，緊緊地抓住獸面的雙角，羽毛清晰可數。三蹄足飾獸面紋，均以回紋和雲紋作填紋。

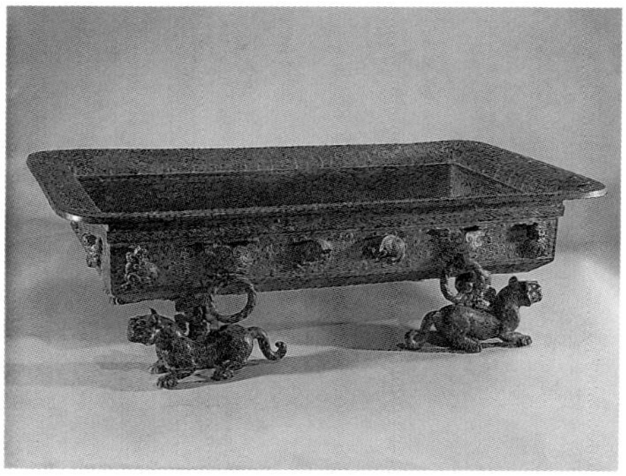

## 九一、九二　龜魚紋方盤

春秋晚期
高二二・五、長七三・二厘米
故宮博物院藏

盤體長方形，寬折沿，沿角圓轉，腹直壁，兩長邊各有二鋪首啣環式耳，平底，下承四伏虎形足。虎背上有倒伏夔龍與盤底相連。口沿上飾蟠蛇紋，以雲紋襯底。內底滿布浮雕的龜、魚、蛙等水生動物，間以龍紋。口沿下外壁飾一周斜角回紋，腹壁飾浪花狀的蟠蛇紋以及各種浮雕禽獸。尤爲奇特的是盤壁靠近轉角處設浮雕蹲坐鳥身人像。在底緣、鋪首、伏龍、四獸之上飾蟠龍紋、鱗紋、絢索紋、重環紋、雲氣紋。此盤所飾各種形象，神秘離奇，富有神話色彩。此盤係清宮舊藏的珍品。

## 九三　炭盤

春秋晚期
通高一三・八、口徑三六・四厘米
一九八八年山西太原金勝村出土
山西省考古研究所藏

斂口，直壁，淺腹，圜底，下承三個獸蹄足。兩腹壁各置一對環形耳，均掛有銅鏈，供提携用。器素面，獸蹄足根上有淺刻的獸面紋。

**九四、九五　蟠龍紋鑑**

春秋中期
通高五〇、口徑六二·五厘米
一九六一年山西侯馬上馬村墓地出土
山西省考古研究所藏

大口，平唇，束頸，深鼓腹，平底。肩設四個鋪首啣環耳。口沿下飾勾連竊曲紋、勾尾蟠龍紋和三角紋。腹壁飾蟠龍紋，四耳飾獸面紋。

**九六　智君子鑑**

春秋晚期
通高二二·七、寬五一·八厘米
美國弗利爾美術館藏

敞口，沿平折，頸微斂，寬肩，曲壁，腹部內收，平底，矮圈足。頸腹設對稱的兩對耳：一對獸面環耳，一對獸面鋪首啣環。獸面立雕，面目純真。鋪首飾羽紋、三角回紋，環飾交龍紋。鑑口沿飾貝紋帶，頸部和下腹部飾夔鳳紋帶。上腹部爲正反交替的獸面紋帶，內填有回紋。紋帶間均以綯索紋帶作界紋。銘六字：「智君子之弄鑑」。

**九七　狩獵紋鑑**

春秋晚期戰國早期
通高二八、寬六一·四厘米
美國弗利爾美術館藏

敞口，沿平折，頸內斂，鼓腹，平底，矮圈足。頸腹部附有對稱的兩對鋪首啣環耳，獸面立雕，環扁圓，均飾有弧線狀回紋。口沿飾三角回紋帶。頸和下腹部飾武士狩獵紋帶，上腹部飾奔車射獸的狩獵紋帶，圖案畫面清晰，場面巨大，武士搏殺，射獵，獸亡命奔逃，形象生動。紋帶間均有三角回紋作界紋。圈足飾綯索紋。此鑑內壁亦作裝飾，較爲罕見。頸部內壁飾各種姿態的鳥紋，上腹內壁飾鳥捕魚紋，下腹內壁飾龜紋。

### 九八　夔鳳紋鑑

春秋晚期
通高四二·四、口徑七〇·六厘米
一九八八年山西太原金勝村出土
山西省考古研究所藏

敞口，沿平折，頸微斂，寬肩，曲壁，腹部內收呈弧形，平底，矮圈足。頸腹附對稱的兩對耳：一對獸面環耳，一對獸面鋪首啣環。獸面立雕，面目清新。鋪首飾雲紋、瓦棱紋。器頸部和下腹部飾夔鳳紋帶。上腹部爲獸面紋帶，正面是眉目清秀的大獸面，其角鈎住頭上方的一對鳳鳥，嘴咬鳳身，構成紋帶。這是晉國青銅器最典型的紋飾。用瓦棱紋、三角回紋、斜線作填紋。此鑑紋飾雕琢深邃，飽滿富麗。

### 九九　弦紋鑑

春秋晚期
通高二三·八、口徑四五·五厘米
一九八八年山西太原金勝村出土
山西省考古研究所藏

敞口，內斂，鼓腹，平底，下承矮圈足。上腹部有二對共四個鋪首啣環耳。

### 一〇〇　夔龍紋匜

春秋早期
通高一六、長三一厘米
一九八五年山西侯馬上馬村墓地出土
山西省考古研究所藏

流敞口上翹，器身長，深腹，尾作大獸首半環形鋬，四足。前兩足爲寬扁形，後兩足作獸蹄形。流沿下飾S形雙頭夔龍紋，腹部飾瓦紋，前兩足飾鳥形紋，鋬飾夔紋。

**一〇一　虎頭匜**

春秋晚期
通高一二·六、寬一四·六、通長二五·八厘米
一九八五年山西侯馬上馬村墓地出土
山西省考古研究所藏

流作咆哮的虎頭狀，體似方圓瓢，深腹，圜底，獸形環鋬，三獸蹄足。虎頭雙目圓瞪，口大張。頸沿下飾蟠蛇紋，獸形鋬俯首貼耳，弓身翹尾，緊咬器口沿。三蹄足低矮，足根飾獸面。全器仿佛一頭猛虎，威風凜凜，是一件極佳的藝術品。

**一〇二　交龍紋匜**

春秋晚期
高一四·二厘米
美國舊金山亞洲藝術博物館藏

封口流，寬體深腹，平底，環鈕鋬。尾部器壁向內彎曲形成凹脊。流口上端飾透雕的交纏龍紋，口緣下飾雲雷紋，腹部飾交龍紋，沿底邊爲一圈綯索紋。

（馬今洪）

**一〇三、一〇四　虎頭匜**

春秋晚期
通高一八·八、長三五·八厘米
一九八八年山西太原金勝村出土
山西省考古研究所藏

流作咆哮的虎頭狀，體似方圓瓢，深腹，圜底，下承一對有蹼趾的脚。尾部下有倒立的小虎支撐，以保持匜體的穩定。在匜的頸至尾部置俯伏狀虎形提梁，虎兩耳聳立，瞪眼，呲牙，作窺視狀。匜頸部飾蟠龍紋，虎頭、提梁、脚蹼都用圓點、羽紋、渦紋和鱗紋作填紋。此匜設計奇巧，兩隻虎的造型十分生動，是晉國青銅工藝的佳作。

## 一〇五、一〇六　線刻狩獵紋匜

春秋晚期
通高一一·二、口徑二五·四×二四厘米　銅胎厚〇·八毫米
一九八八年山西太原金勝村出土
山西省考古研究所藏

器身橢圓，帶流，流的對應處有鋪首啣環。敞口，腹壁內收，小平底。胎薄似紙，銅質差，易破碎。外表爲素面，在器內側線刻淺紋飾。流部飾三條魚，兩出一進。匜內紋飾分四層：第一層松柏；第二層內容豐富，正中有張滿弦的弓，下面案几上置兩個承放弓箭的壺，兩邊二人正在向壺中投箭，身後六人或送箭，或舉杯勸酒。右側樹林中立箭靶，樹叢中一人正滿弓射的；第三層一行數十人亦送箭、勸酒；第四層爲水波紋，至匜底水中有群游的水蛇。整個畫面表現了古代王畿外在辟雍內舉行『鄉社禮』中『三耦』的禮儀。

此匜係捶擊敲打而成。線刻手法更自由地表現了古代的社會生活。

## 一〇七　細交龍紋罐

春秋晚期
通高二〇·五、寬三五·五厘米
美國弗利爾美術館藏

平唇，直頸，寬肩，平底。肩部有一對環形耳。肩、腹部通體飾細交龍紋。

## 一〇八　簸箕形火格

春秋晚期
通長三一·五、高五·三厘米
一九八八年山西太原金勝村出土
山西省考古研究所藏

火格前爲鏤空簸箕狀，後接六棱彎柄。柄首作獸面。簸箕上鑄有C形和菱形孔洞。火格是古代用于祭祀的禮器。

## 一〇九　鏟形火格

春秋晚期
通長二五·五、器身長一五·一厘米
一九八八年山西太原金勝村出土
山西省考古研究所藏

體扁平，橢圓鏟形，接有扁圓銎把。鏟上飾鏤空C形圖案。

## 一一〇　夔龍紋甬鐘

春秋晚期
通高四六·五、寬二四厘米
美國弗利爾美術館藏

體呈合瓦形，中部微鼓，口圓弧，柱形枚，素面。甬作圓柱形，上置獸形掛環。甬和篆飾變形細蛇紋，舞和鼓部飾夔龍紋。

## 一一一、一一二　夔龍鳳紋編鎛

春秋晚期
通高四六·五—三三厘米
一九八八年山西太原金勝村出土
山西省考古研究所藏

體呈合瓦形，中部微鼓，口平直。鈕作相對峙的飛虎形，雙虎張口昂首，嘶咬小龍，弓身卷尾，身飾鱗紋、雲雷紋和重環紋。舞部有四組S形蟠龍紋帶，鎮部篆帶飾S形夔鳳紋帶。篆帶上下及兩篆間共有三十六個鎛枚，枚作團狀的蟠龍形，正中一枚龍俯伏狀，其他龍首面向四方，各不相同。鼓面飾夔龍鳳紋，用鱗紋、瓦紋、三角回紋作填紋。鎛腔內唇較厚，上有四個長橢圓形音脊，用于調音。此鎛爲趙卿墓所出，同時出土大小相次成列、形式紋飾相同的鎛共五件，加上十四件散蛇紋鎛，組合成一套編鎛。

據中國藝術研究院音樂研究所論定，每鎛均爲一個音節，此套鎛的規模，已經由西周晚期春秋早期一套八—九件鐘鎛演奏十八個音節，擴展爲一套十九件鐘鎛演

奏三十八個音節；音律已由三個半八度，發展到六個半八度。其最低音爲大徵，相當于小字組的G調，最高音達小字組的$^{\#}$C調。此套鎛在已知春秋編鎛中是獨一無二的，音律上已達到七聲音階的先進水平。

## 一一三、一一四 蟠蛇紋編鎛

春秋晚期
通高二九·五—一一·二厘米
一九八八年山西太原金勝村出土
山西省考古研究所藏

此式鎛大小相次成列共十四件，與夔龍鳳紋鎛同出于趙卿墓，共同組合成一套編鎛，按排列順序正好是前者音律的延伸。其形制、紋飾相同，而明顯瘦小，舞、篆和鼓面皆飾蟠蛇紋，十分細密、精緻。

## 一一五 夔龍紋鎛

春秋晚期
通高三七、寬二五·五厘米
美國賽克勒美術館藏

體呈合瓦形，鈕作相對峙虎形，團狀蟠龍形枚。鼓部飾C形夔龍紋。虎鈕飾圓點紋。舞、篆部均飾變形細蛇紋。

## 一一六 夔龍紋鎛

春秋晚期
通高四一、寬三一厘米
美國弗利爾美術館藏

體呈合瓦形，鈕作相對峙回首虎形，團狀蟠龍形枚。鼓部飾夔龍紋。虎鈕飾卷雲紋。舞、篆、鎮部飾變形細蛇紋。

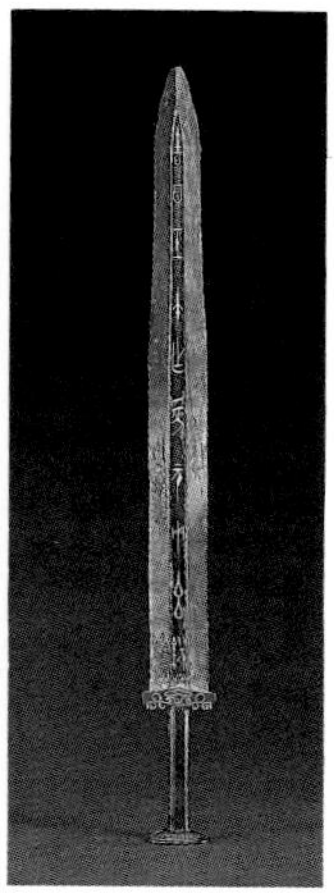

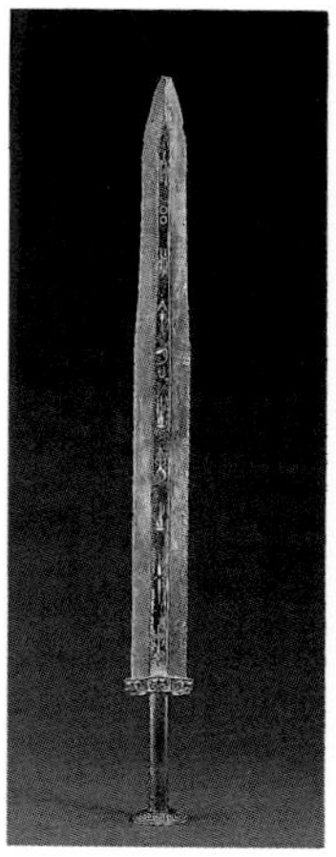

## 一一七、一一八　吉日壬午劍

春秋晚期
長五五厘米
一九二三年山西渾源李峪村出土
中國歷史博物館藏

斜寬從，厚格，臘長而兩從保持平行，鋒尖銳。厚格呈倒凹字形，圓莖有箍，圓形首。劍脊呈凹條形，兩面均有錯金銘文，共二十字，爲：『吉日壬午，乍（作）爲元用，玄鏐鏄呂（鋁），朕余名之，胃（謂）之少虡。』故此劍又稱爲『少虡』劍。從目前所見資料看，法國藏有同樣的一柄。一九九一年在山西原平又曾發現一柄，其鋒殘，與此件相比，銘文少『吉日』和『鏄呂』四字，其他完全相同，殘劍和銘文無銹無土，猶似新作。

## 一一九、一二〇　虎鷹搏擊戈

春秋晚期
通長二〇·三、援長一三厘米
一九八八年山西太原金勝村出土
山西省考古研究所藏

前鋒尖銳，援作三角形，中心透鏤花紋。短胡，橢圓形銎腔，銎上部立雕猛虎與雄鷹搏擊形象。虎昂首張口，前爪緊抓雄鷹，鷹則伸頸翹尾，竭力反撲。虎身飾鱗紋、卷雲紋，鷹身飾羽紋和重環紋。

## 一二一、一二二　刖人守囿輓車

西周晚期春秋早期
通高八·九、通長一三·七、寬一一·三厘米
一九八九年山西聞喜上郭村出土
山西省考古研究所藏

車體作方箱式，箱蓋正中有猴鈕，旁有四個可任意轉動的小鳥。車箱四角置四隻回首顧盼的熊羆，兩側中部俯伏一對小虎。車箱兩幫鑄有兩對小鳥。車有六輪，前有兩隻臥虎抱四個小輪，後有一對大輪。製作最精美的車箱後門上嵌有一赤裸全身的守門刖人，他左手拄拐，右手挾門閂，門可開啟。車箱前有一鋪首啣環，作牽

引用。全車有十五處可以轉動，裝飾有虎、熊、羆、鳥、猴等十四種動物。正是《周禮》『域養禽獸』的苑囿。門扉上刖人，則是『刖者使守囿』的具體反映。此車小，是玩耍之物，其製作獨具匠心。

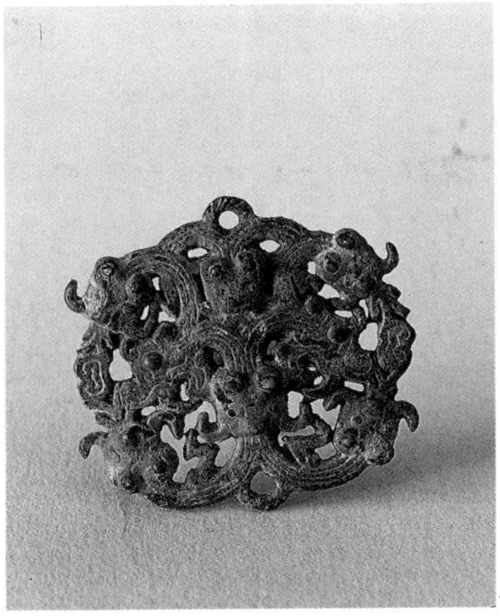

**一二三　夔鳳紋當盧**

西周晚期春秋早期
直徑五·八厘米
一九七四年山西聞喜上郭村出土
山西省考古研究所藏

圓形，由雕刻十分精美的四隻鏤空夔鳳相互纏合構成紋飾，繁縟細密，層次感强，是晉國早期優秀的藝術品。當盧係用于馬頭上之裝飾品。

**一二四　交龍紋當盧**

春秋晚期
直徑七·二、厚〇·三厘米
一九八八年山西太原金勝村出土
山西省考古研究所藏

圓形，邊置四個方形扣。正中有鏤空四瓣花朵與相糾合的四條蟠龍。圓邊上飾一周三角回紋圖案。此器蟠龍的圓轉柔韌、穿插游動與靜態的花朵形成對比，耐人尋味。

**一二五　綯索紋車軎**

春秋晚期
通高八·五五、孔徑三·五厘米
一九八八年山西太原金勝村出土
山西省考古研究所藏

軎作直圓筒塔形，上附一捉手狀器件，器件的裏端是一個獸頭，共一對。用途不詳。車軎器表飾四道粗的綯索紋，中間兩道間距略窄，紋飾簡潔樸實。由於合金成分中含鉛比例較高，因此這兩件車軎器表晶亮光滑，銅銹甚少。

## 一二六　龍紋鎣

春秋早期
高一四·三、寬一二·二厘米
美國賽克勒美術館藏

隆形蓋，上有環形捉手。斂口、頸，鼓腹，圜底，下有三袋足，腹部置獸形環耳。蓋和上腹部飾S形龍紋帶，腹部飾瓦棱紋，耳飾獸首和重環紋。此類器造型奇特，在晉器中偶見。

## 一二七、一二八　龍紋鎣

西周晚期春秋早期
通高九·一、口徑六·五厘米
一九八九年山西聞喜上郭村出土
山西省考古研究所藏

平蓋，兩側置一對方環形扣，蓋飾放射狀竊曲紋。器平口折沿，斂頸，溜肩，腹壁有折棱，下腹圓弧，圜底。上腹部置一對獸形環耳，三空心乳狀足。上腹部飾S形龍紋，下腹部飾竊曲紋。此器雖小，紋飾立體感强，線條美觀。樣式可能是從三足甕演變而來的，具有當地土著文化的特徵。

## 一二九、一三〇　虎形灶

春秋晚期
通高一六〇、寬四六厘米
一九八八年山西太原金勝村出土
山西省考古研究所藏

爲一套組裝器，由灶體、釜、甑和烟囱四部分組成。灶體的火門仿佛張着大口的神獸，雙目圓睁，樣極凶猛。背上設圓形灶眼，尾端有烟道口。灶體内有用于搪泥的刺，無底。烟道上接四節烟囱，用子母口相互套接。灶眼上置圜底的釜，爲盛水器。釜上面承盆形甑，其底有圓形輻射狀孔箅，用于蒸食物。灶門虎眼周圍飾蟠龍紋，釜飾蟠蛇紋，甑腹壁飾蟠龍紋。

此器整體較大，可以拆卸成數件，便于行軍作戰和游牧時使用。二千五百年前

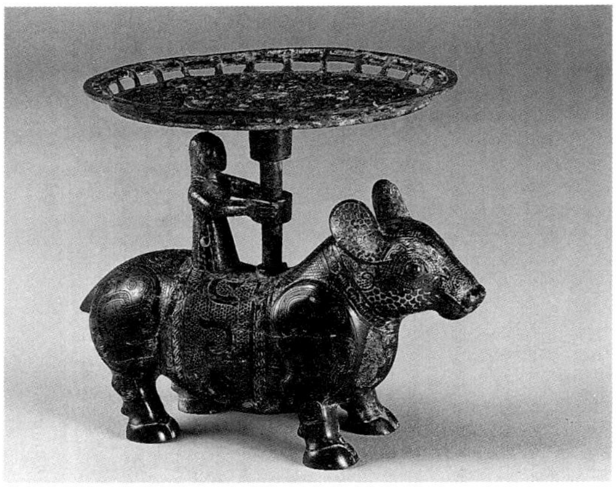

## 一三八、一三九　繩絡紋罍

戰國早期
高三〇·五、口徑七厘米
一九七二年山西長治分水嶺出土
山西省博物館藏

小口，折沿直頸，弧腹，最大徑在上腹部，下斂，平底，矮圈足。肩部有兩個立雕伏獸形耳，啣環。器身飾繩絡紋，方格內填以蟠蛇紋。耳部伏獸回首張望，靈動機警。

## 一四〇　犧背立人擎盤

戰國早期
通高一四·五、犧長一八厘米
一九六五年山西長治分水嶺出土
山西省博物館藏

盤鏤空，下承圓形立柱，插入環和犧背孔內。犧背上立小銅人，雙手執立柱。犧頭似兔，大耳，肥體，蹄足，短尾。立人長髮，身著長袍。犧身飾鱗紋、貝紋、綯索紋、點紋和變形的卷雲紋。

侯馬鑄銅遺址出土的陶範中有銅犧和立人之模，可證此器是由侯馬鑄造的。鏤空盤紋飾細密，結構嚴密，應是用失蠟法澆鑄而成，爲晉式銅器中所罕見。

## 一四一　夔龍鳳紋壺

戰國早期
通高五七、口徑一〇·五厘米
一九八二年山西潞城潞河墓地出土
山西省考古研究所藏

蓋面微鼓，正中置環鈕，以鏈與壺身鋪首耳相連接。弇口，蓋口沿有一凸榫，與壺口凹槽對鎖，以防蓋脱落。器身略呈卵形，直口，溜肩，鼓腹，下腹內收，平底，下承矮圈足。頸間和下腹各有三個獸面鋪首啣環耳。蓋中心飾雲紋，環繞一周動物圖案，有鴨、魚、鳥、龜、蛇等。尤爲有趣的是鳥作全神貫注捕魚狀。器頸部

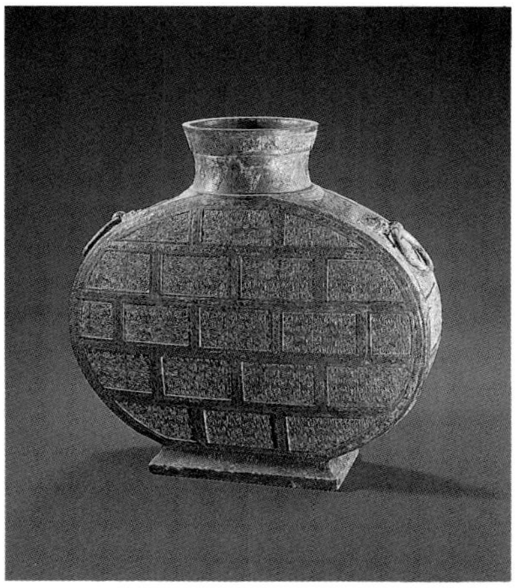

飾方形雙夔龍紋，肩和腹部飾三周展翅的夔鳳紋，內填三角雷紋。環上飾貝紋。此壺造型和各種紋飾十分協調美觀，令人愛不釋手。蓋與壺口榫卯結合亦很科學。

**一四二　鑲嵌綠松石方壺**

戰國中晚期
通高五三厘米
一九五七年河南陜縣後川出土
中國歷史博物館藏

蓋盝頂形，置四環鈕。器弇口，斂頸，溜肩，鼓腹，兩側有鋪首啣環耳，平底，圈足。蓋飾雲紋，頸飾蟠龍紋，腹和圈足飾由蟠龍紋組成的方格絡帶紋。其方格間鑲嵌有綠松石。

**一四三　鑲嵌紅銅扁壺**

戰國中晚期
高三四．三、口徑一一．五厘米
一九七五年河南三門峽上村嶺出土
河南省博物館藏

平沿，直口，短頸，弧腹，圜底，平圈足。兩肩有一對鋪首啣環，整體呈扁圓形。口沿下飾垂葉紋，器身飾方格絡帶和波浪式蟠蛇紋。絡帶上鑲嵌有紅銅裝飾。

**一四四、一四五　獸足方盤**

戰國早期
高二〇．二、長七七、寬四五厘米
一九八二年山西潞城潞河墓地出土
山西省考古研究所藏

由大方盤、怪獸足和犧獸三部分組成。盤折沿，方唇，淺腹，平底，兩長邊的外壁各附一對獸面鋪首啣環耳。盤四角下承四個怪獸頭柱形足，大眼圓耳，相貌凶猛，分別立于四隻犧獸背上。犧獸狗頭、馬身、短尾、蹄足。盤外壁飾一周變形夔龍紋。犧獸飾鱗紋和葉紋。此盤形體較大，穩重厚實，較爲罕見。

**一四六　獸面紋甬鐘**

戰國早期
通高四三·五厘米（最大者）
一九八二年山西潞城潞河墓地出土
山西省考古研究所藏

甬圓柱狀，體合瓦形，鎮部狹長，枚高聳而瘦小。篆間和甬部飾雲紋，隧部飾獸面紋。于的弧度較深。

同墓出土甬鐘兩組，共十六件，形制、花紋均同，大小相次成列。製作粗糙簡陋，含有內胎（範芯），非實用器，爲冥器。

**一四七、一四八　羽翅紋鎛**

戰國早期
通高四二厘米（最大者）
一九八二年山西潞城潞河墓地出土
山西省考古研究所藏

鈕作變形伏獸狀，平于。枚呈泡形，上浮雕蟠龍紋。篆間飾雲紋，鼓上飾羽翅紋。

鎛共四件，形制、花紋均同，大小相次成列。製作粗糙簡陋，不能發音，爲冥器。

**一四九　韓將庶虎節**

戰國中晚期
高三·九、長八·〇五、厚一·五厘米
中國歷史博物館藏

此節僅留有半扇。伏虎形，昂首，豎耳，瞪眼，蹲坐。正面有『韓將庶信節』等銘文十字。背面有凸榫兩處。

## 一五〇　杖首

春秋晚期
通高六、寬九厘米
一九九四年山西太原金勝村出土
山西省考古研究所藏

頂作雙鳥首，相背連接。鳥首鷹鈎嘴，雙目圓睁。下接銎，中空，内含藤木，銎上有穿孔，便于固定于木杆上。鳥首飾鱗形羽紋，銎上有綯索紋。

杖首爲北方地區新發現，出土時位于内棺墓主尸骨的右側，應是一種權力的象徵。

## 一五一　蟠龍紋鼎

戰國早期
通高一八·五、最大徑一八厘米
一九八一年山西忻州忻口村出土
山西省忻州市博物館藏

蓋作覆盆狀，上有三鴨形鈕。器附耳，鼓腹，馬蹄足。蓋飾兩周蟠龍紋。器腹飾蟠龍紋和弦紋。

（李有成）

## 一五二　交龍紋壺

戰國
高四八、口徑一五厘米
上海博物館藏

共兩件，此爲其一。圓口高頸，卵形器腹。蓋上設四個龍形環鈕，肩兩側有鋪首啣環耳。腹飾四周構圖繁複的交龍紋，每周紋飾均由多個相同的長方形連續構成。每個花紋單位中有上下兩條軀體交纏的龍紋，龍體上有許多旋狀羽翅，翅尖翹起，突出于器表。此類紋飾極其精緻縟麗，爲當時風尚之反映。

（周　亞）

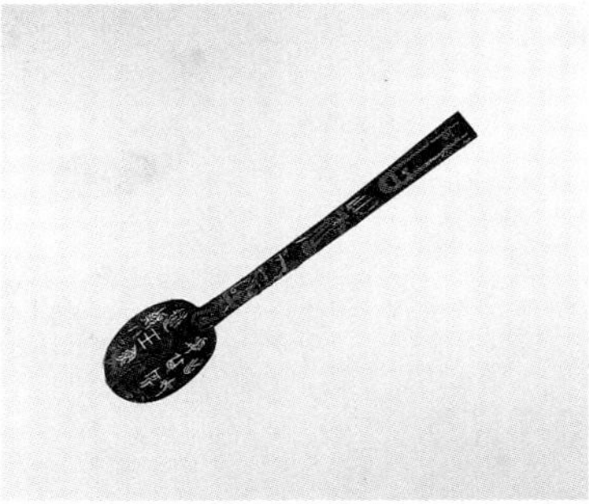

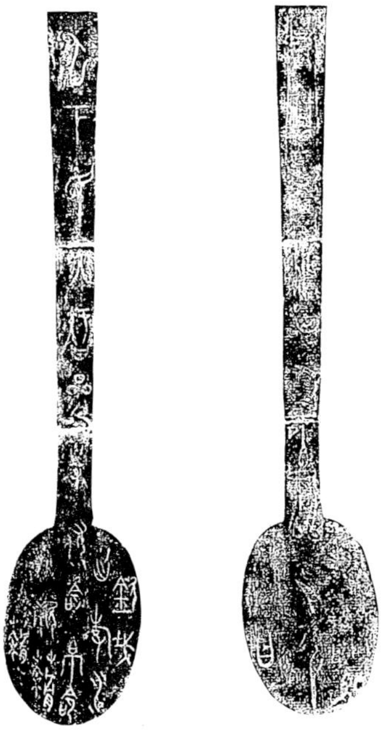

## 一五三　龍紋方爐

戰國

高一七·八厘米

美國舊金山亞洲藝術博物館藏

體呈長方形，爐面四周爲曲尺形折沿，中有大圓孔，用于置放炊器。腹壁有鋪首啣環耳，并飾以變形龍紋。四足爲形態各異的神獸，威嚴詭秘，甚爲少見。

（馬今洪）

## 一五四　魚鼎匕

戰國早期

殘長一八·八七厘米

傳二十年代山西渾源出土

遼寧省博物館藏

匕前端圓，柄首殘斷。通體有錯金銘文，正反兩面共殘存三十六字，爲『日誥又蚰匕，述王魚顛，曰，欽哉，出游水蟲。下民無智，參蚩蚘命，帛命入歒，藉入藉出，毋處其所。』

匕爲小器，有較長銘文者實爲珍貴。此匕字體接近山西侯馬所出盟書。此式匕在山西原平塔崗梁等地屢有出土，也可證係晉人之物。

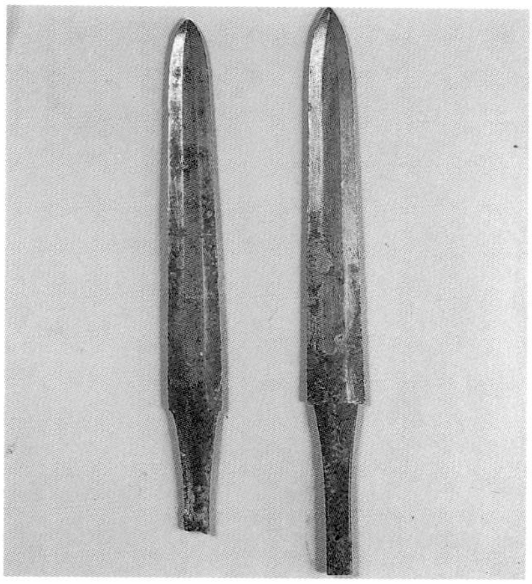

## 一五五、一五六、一五七　春平侯劍與樂□劍

戰國
左：春平侯劍殘長三〇·三厘米
右：樂□劍通長三三·四厘米
一九八三年山西朔縣趙家村採集
山西省考古研究所平朔考古隊藏

此二劍均尖鋒，柳葉形，直刃，脊隆起，無格，莖扁平。春平侯劍劍身刻銘文二行共十九字，爲：『四年相邦春平侯，邦左庫工師長身，冶尹□，執齊。』

樂□劍有穿。劍身刻銘文二行共十八字，爲：『四年，坳相樂㵾，右庫工師長五鹿，冶事息，執事。』

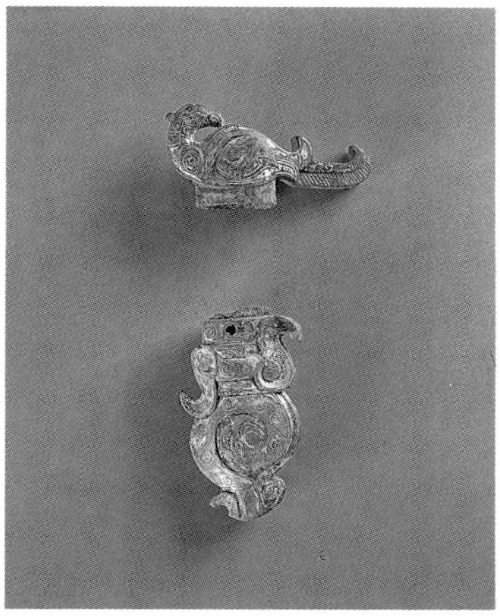

## 一五八　錯金銀戈帽與戈鐏

戰國早期
戈帽：長七·六、高四厘米
戈鐏：高八、寬四·三厘米
一九九一年山西榆次猫兒嶺出土
山西省榆次市文物管理所藏

戈帽扁形，作鳥形，鳥回首蹲坐，翹尾，悠閒自得。全器滿飾錯金銀雲紋，尾部有羽紋。鐏扁圓體，直口，短頸，一頭作鳥首，尖喙，圓眼。亦滿飾錯金銀雲紋。

出土時戈帽、戈、柲和鐏四者連爲一體，全長一八二厘米。戈帽和鐏保存較好，未生銹。

（張雲龍）

## 一五九　龍形帶鈎

戰國中晚期
殘長一一·二、寬四·二厘米
一九八四年山西榆次猫兒嶺出土

山西省榆次市文物管理所藏

琵琶形。鈎殘，似獸頭狀。琵琶部作龍形，龍回首咬腹，前爪撫身軀，後爪和尾抵在腰間，呈S形。龍身飾羽紋和斜線紋。

（張雲龍）

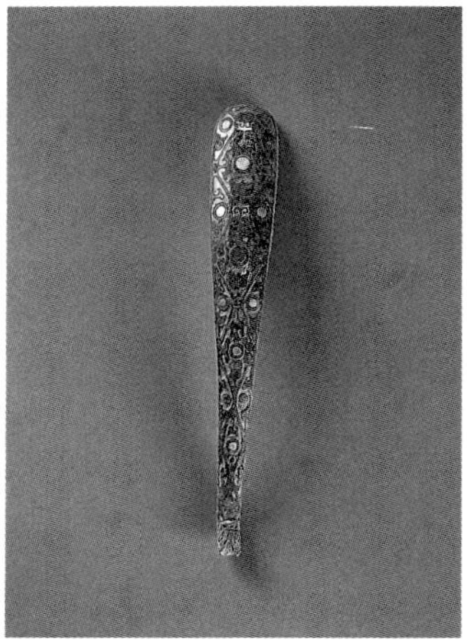

## 一六〇 鑲嵌幾何紋帶鈎

戰國中晚期

通長一九·三、寬二·八厘米

一九八四年山西榆次猫兒嶺出土

山西省榆次市文物管理所藏

長條琵琶形，蛇頭鈎。器身有上中下三組米字形的幾何紋飾。其中長線條、圓點錯金，三角回紋鑲嵌綠松石。

（張雲龍）

## 一六一 鎏金龍紋帶鈎

戰國中晚期

通長九、寬四·九厘米

一九八四年山西榆次猫兒嶺出土

山西省榆次市文物管理所藏

琵琶形，鈎作鴨首。身飾龍紋，頭左側，尖嘴，大耳，圓眼，俯卧狀。尾作鈎杆。

（張雲龍）

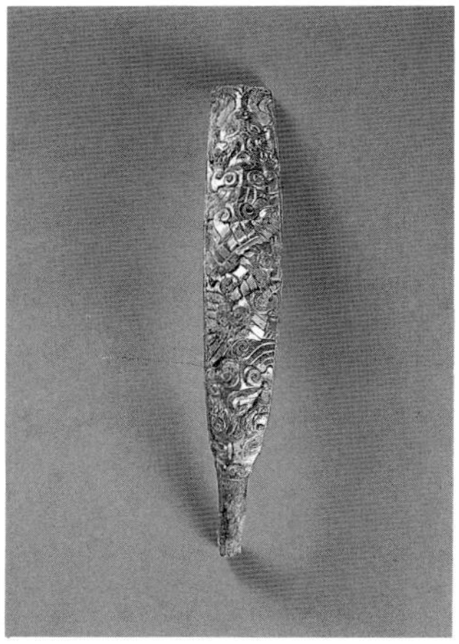

## 一六二 鎏金獸紋帶鈎

戰國中期

殘長二〇·三、寬三厘米

一九八四年山西榆次猫兒嶺出土

山西省榆次市文物管理所藏

條形，有鈎。帶面分上下兩段，由相背的四獸構成。上段獸首作俯伏狀，脚、爪清晰，後面緊跟一獸，前脚爪搭在前獸背上。下段如此反復。高浮雕手法裝飾，紋飾清晰，風格豪放，外部鎏金，光艷奪目，如同新作，是帶鈎中的佳作。

（張雲龍）

## 一六三　錯金雲紋牛形帶鈎

戰國
通長二四・八、寬九・四厘米
美國賽克勒美術館藏

器身作牛犧形狀。嘴咬一回首掙扎的怪獸，鈎爲獸首，頸細長。全器飾錯金雲紋。

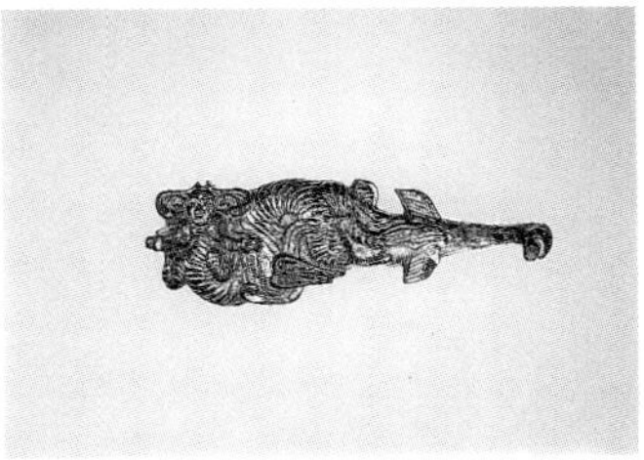

## 一六四　鎏金虎食人形帶鈎

戰國
通長一一・八、寬三・七厘米
美國賽克勒美術館藏

器身作蹲臥狀。虎形鈎和頸由振翅欲飛的鳥構成，下接虎的股部。虎動態凶猛，嘴中露有八頭，表示虎已將人吞食。虎和鳥身均用斜線作填紋。全器鎏金。

## 一六五　鎏金琵琶形帶鈎

戰國
長一四・二厘米
美國弗利爾美術館藏

琵琶形。獸首鈎。身寬大，鎏金，上面鑲嵌玉石，正中鑲嵌卷雲紋玉瑗，構成雙面獸形圖案。獸俯卧蹲坐，形象生動。

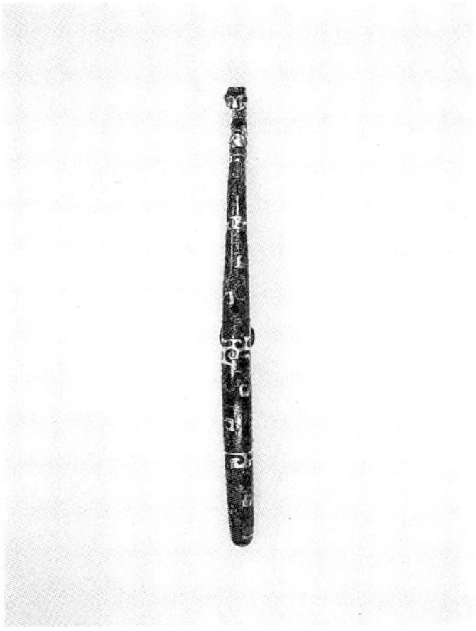

## 一六六　竹節形帶鈎

戰國
長二〇・一、寬一・三厘米
美國賽克勒美術館藏

長條竹節形，身成細長弧形。飾錯金銀幾何紋圖案。造型優美，構圖新穎，充分表現錯金銀構圖的富貴華麗。

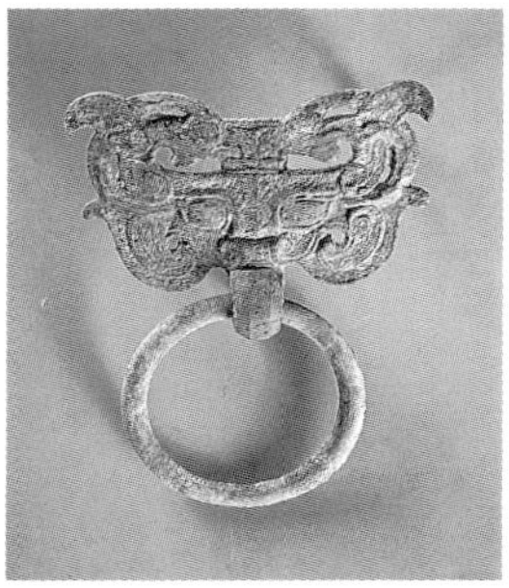

**一六七　鴨形帶鉤**

戰國中晚期
通長三·八、寬二厘米
一九八四年山西榆次猫兒嶺出土
山西省榆次市文物管理所藏

鴨蹲坐形，彎頸回首成鉤。俯蹲的鴨身下有圓鈕。全身飾羽紋。通體包金，製作精良。

**一六八　棺鋪首**

戰國中期
通高一一、寬八厘米
一九九一年山西榆次猫兒嶺墓地出土
山西省榆次市文物管理所藏

鋪首獸面形，鼻爲環，套接大銅棺環。鋪首飾麻點紋，環素面。

**一六九　蟠蛇紋鼎**

春秋晚期戰國早期
通高三〇·五厘米
一九三六年河南輝縣出土
河南省博物館藏

覆盆式蓋，上有六柱鏤空式圓形捉手。器附耳，弇口，唇微斂，深腹，圜底，高獸蹄足。蓋和腹部飾蟠蛇紋。

**一七〇　蟠龍紋鼎**

春秋晚期戰國早期
通高三〇厘米
一九三六年河南輝縣出土
河南省博物館藏

覆盆式蓋，上有三環鈕。器附耳，弇口，唇微斂，深腹，圜底，高獸蹄足。腹

部設三環。蓋、腹部均飾變形蟠龍紋，腹部另有一周凸弦紋。頸部紋帶較腹部紋帶寬。紋飾內均以各種回紋作填紋。此墓出土文物已具有戰國時期特徵，但猶帶春秋遺風，是研究魏國早期歷史的重要實物。

**一七一　雲雷紋鼎**

春秋晚期戰國早期
通高六三·五厘米
一九三六年河南輝縣出土
河南省博物館藏

覆盆式蓋，上有三環鈕。器附耳，弇口，唇微斂，深腹，圜底，粗獸蹄足。口沿至上腹部飾雲雷紋、蟠蛇紋，紋地髹漆。

**一七二　蟠龍紋鼎**

春秋晚期戰國早期
通高四六、口徑五四·五厘米
一九三六年河南輝縣出土
河南省博物館藏

兩耳聯鑄，立于口沿上，微外侈。平折唇，器腹較淺，呈半圓形。三獸蹄足。器壁紋飾三道：上爲連山紋，中爲較寬的蟠龍紋，下爲垂葉紋，皆用回紋作填紋。三足係嵌鑄，底有三角形鑄痕，繼承了春秋早期的鑄造方法。

**一七三　梁十九年鼎**

戰國
高一八·三、口徑一七·五厘米
上海博物館藏

蓋設三個梟形鈕。器附耳，矮蹄足。通體素面無紋飾。器腹刻銘一周三十六字，述器主亡智隨魏王北巡，爲此鑄鼎以記其事。銘文云梁十九年當是魏國遷都大梁後之稱謂，因以梁紀年。確知的魏國青銅器甚少，此爲其一。（周　亞）

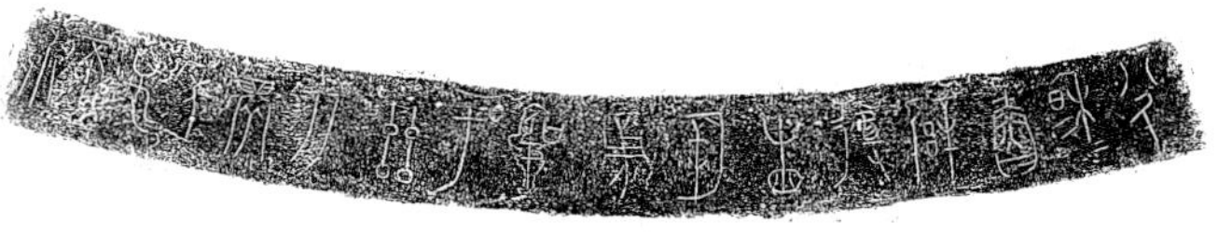

**一七四　瓦壟紋三足簋**

春秋晚期戰國早期
通高二二·四、口徑一九·五厘米
一九三六年河南輝縣出土
河南省博物館藏

隆蓋，正中設圓形捉手。器弇口，微斂，弧形壁，深腹，圈足，下承三足。獸形耳。蓋、器均飾瓦壟紋和夔紋。

**一七五　變形蟠龍紋方座簋**

春秋晚期戰國早期
通高二六·六、口徑二〇·一厘米
一九三六年河南輝縣出土
河南省博物館藏

隆蓋，正中設矮圓形捉手。器唇圓外侈，束頸，深腹，圈足聯方座。蓋、器飾變形蟠龍紋，內填回紋。座飾蟠蛇紋。器形特殊，紋飾優美。

一七六　簋

春秋晚期戰國早期
通高一四·五、口徑二三厘米
一九三六年河南輝縣出土
河南省博物館藏

隆蓋，正中有矮圓形捉手。器平沿，束頸，圓腹，下收爲平底。肩部置一對環耳。無圈足，無三足支點，且無方座。形同陶器之盒。

一七七　鏤空波曲紋豆

春秋早期
通高一三、口徑二四·三厘米
一九三六年河南輝縣出土
河南省博物館藏

方唇，直壁，淺盤，平底，下承粗大的喇叭形圈足。足上飾鏤空波曲形花紋。此爲西周後期以來傳統形制，亦有人稱其爲籩。

一七八　變形蟠龍紋豆

春秋晚期戰國早期
通高四一·五、口徑三五·三厘米
一九三六年河南輝縣出土
河南省博物館藏

隆蓋，上置六柱鏤空式捉手。器附耳，弇口，斂唇，深腹，圜底，矮喇叭形圈足。蓋、器均飾變形蟠龍紋，內填回紋。壁範三分，下通足，足與器聯鑄。三範縫之一居兩附耳間，縫明顯。器形特殊，花紋精緻，堪稱佳作。

**一七九　鑲嵌綠松石雲紋方豆**

戰國早期
高二四・五、口寬一二・五厘米
一九三五年河南汲縣山彪鎮出土
河南省博物館藏

蓋上置圓形捉手，四阿式頂，下接四方形寬邊，弇口。器體深腹方形盤，校細，足扁平。通體飾雲紋，鑲嵌綠松石。過去這種鑲嵌綠松石工藝主要用于帶鈎，在禮器上應用很少。此器紋樣典雅秀美，鑲嵌綠松石做工精細，是魏器中之珍品。

**一八〇　蟠蛇紋敦**

春秋晚期戰國早期
通高一八、口徑一七・五厘米
一九三六年河南輝縣出土
河南省博物館藏

弧形蓋，上置三個環形鈕。器弇口，斂唇，淺腹，肩部設一對環形耳，三個矮小的獸蹄足。蓋、器相合呈扁球形，滿飾蟠蛇紋。

**一八一　敦**

戰國早期
通高一七、口徑一八厘米
一九六一年山西侯馬上馬村墓地出土
山西省考古研究所藏

蓋、器相合呈球形。蓋上置三圓鈕。器弇口，短唇，鼓腹，圜底，獸蹄足短小，雙環耳。

## 一八二　龍耳缶

春秋晚期戰國早期
通高四〇・六厘米
一九三六年河南輝縣出土
河南省博物館藏

口緣外侈，短頸，圓鼓腹，低圈足。肩部設兩龍耳帶環。耳間并飾鳥獸形扉棱各一。器身飾繩絡紋和圓圈紋，以變形細蛇紋作底紋。造型優美，做工精湛，是魏國的青銅佳作之一。

## 一八三　鳥紋方壺

春秋晚期戰國早期
通高六三、口徑縱二一・五、橫一七厘米
一九三六年河南輝縣出土
河南省博物館藏

蓋方杯形，器長頸，下腹鼓，高圈足，頸部設兩獸形耳，套環。頸飾波浪紋，填鳥紋，腹飾對鳥紋，皆呈浮雕狀。

## 一八四　蟠龍紋貫耳壺

戰國早期
通高三四・二、口長八・九厘米
一九三六年河南輝縣琉璃閣出土
河南省博物館藏

隆蓋，蓋面飾浮雕龍面及蟠龍紋，中心置一環鈕，緣飾蟠龍紋。器敞口微侈，溜肩，弧腹，平底。肩部設一對貫耳，耳下飾浮雕獸形。腹部飾蟠龍紋，其間點綴倒置的龍面，并以細綯索紋爲界。腹中部有浮雕狀的兩卧牛以及立鳥、伏虎等。腹下部飾波狀蟠龍紋。做工精細，紋樣構成疏密有致。

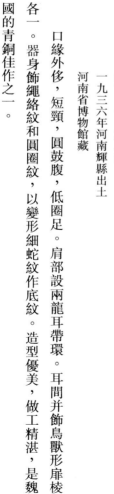

## 一八五　鑲嵌龍紋扁壺

戰國早期
高五二·八、口長一三·五厘米
一九三六年河南輝縣琉璃閣出土
河南省博物館藏

平蓋，正中置小環鈕。器小直口，扁圓體，鼓腹，平底。兩側及下腹共有四環鈕，皆嵌鑄。頸部飾對象、對鳥紋，腹部鑲嵌三層紅銅龍紋，又以鑲嵌紅銅菱形紋爲界。此壺集鑄造和鑲嵌工藝于一體，技藝水平高，是魏國銅器精品。

## 一八六　雲雷紋提梁壺

戰國早期
通梁高三七·八、口徑一〇·二厘米
一九五〇年河南輝縣固圍村出土
中國社會科學院考古研究所藏

蓋上設提梁，器直口，鼓腹，高身，低圈足。蓋面設四獸頭鈕，套四環；中央一鈕接二環，與提梁相套。提梁横直，兩端下曲，置環，各以四節交捩鈕下接兩耳。壺肩設鋪首耳，鼻爲鈕以套梁環。壺頸另倒置四獸頭鈕，套四小環，與蓋上四獸頭鈕對應。若以繩索聯結上下八小環，則蓋器密合，壺中液體，不致外溢。

器體飾六層紋飾，以五寬帶界之。第一層絢索紋，餘皆爲三聯S形紋填雲雷紋。蓋上紋飾相同。梁上飾鱗紋，兩端S頭。交捩鈕中腰飾雲紋，小環飾繩紋。圈足則飾粗繩紋，加回紋勾勒。

## 一八七　淺腹盤

春秋晚期戰國早期
通高一一、口徑四一·五厘米
一九三六年河南輝縣出土
河南省博物館藏

大口，淺腹，腹壁內收，圜底，矮圈足，肩部設一對環形耳。圈足飾繩紋，餘皆素面。

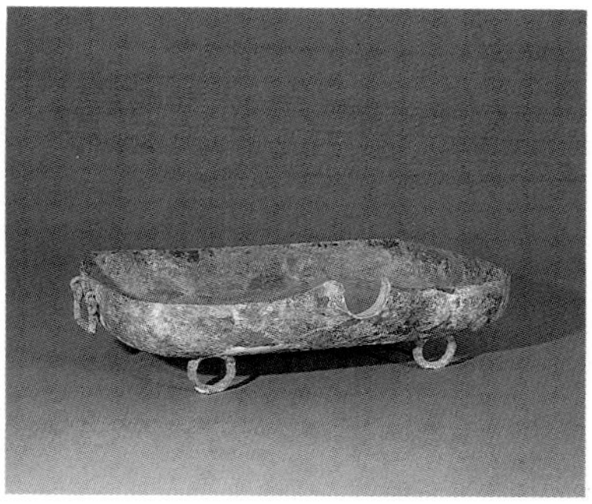

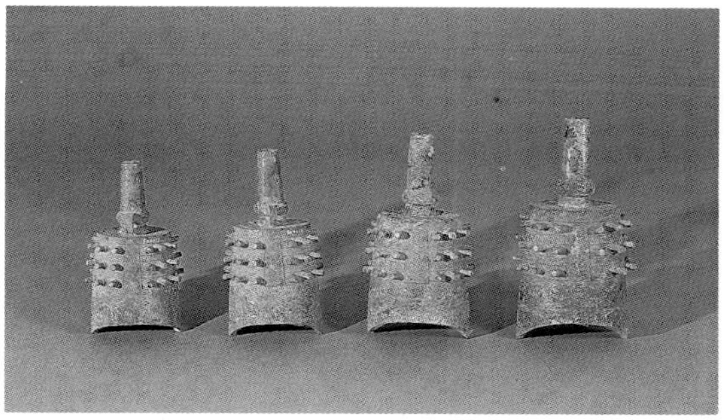

## 一八八　龍紋鑑

戰國早期
高三九、口徑七七·八厘米
一九三六年河南輝縣琉璃閣出土
河南省博物館藏

折沿，束頸，四耳，深腹，平底。耳飾大角獸面紋，頸飾鱗紋，腹爲細密的蟠龍紋，間以目形突起。腰中部飾浮雕狀蟠蛇紋帶。此鑑造型、紋飾搭配極其協調且有氣魄。輝縣戰國初屬魏地，此器當爲魏國之器。

## 一八九　方匜

春秋晚期戰國早期
通高一四·五、長七〇、寬五〇厘米
一九三六年河南輝縣出土
河南省博物館藏

直口，淺腹，圜平底。器形較大呈橢方形，流在長邊中部，四環鈕足，兩端設直方提梁。郭寶鈞推測此器似爲《周禮·凌人》所載『祭祀共冰鑒，賓客共冰』的冰盤，中腰生流，以備冰化流水之用。

## 一九〇　蟠蛇紋編鐘

春秋晚期戰國早期
銑高一七—一三·六厘米
一九三六年河南輝縣出土
河南省博物館藏

此式甬鐘共出土四件。甬呈柱狀，上設環鈕，舞平，體呈合瓦形，兩銑角尖銳。枚呈平頭柱形。干飾回紋，舞飾蟠蛇紋。枚共三十六個。篆帶飾回紋，鼓飾獸面紋，銑外侈。

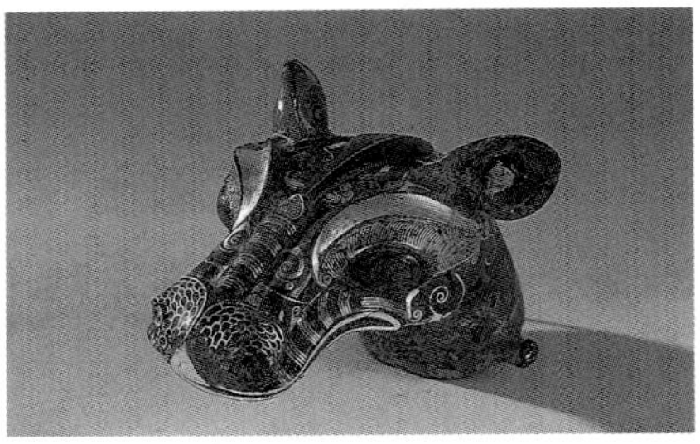

## 一九一　錯金銀獸首軏飾

戰國中晚期
長一三·七、高八·八厘米
一九五一年河南輝縣固圍村出土
中國歷史博物館藏

作獸首形，雙目圓睜，豎耳。形象生動、活潑。飾錯金銀雲紋、鱗紋和斜線紋。精美華麗，錯金銀技藝高超。此器出自魏國墓地。

## 一九二　錯銀承弓器

戰國中期
長二一·五、寬六·一厘米
一九五四年山西永濟薛家崖出土
山西省博物館藏

首作蛇頭昂舉，下承長方形座。通身飾錯銀雲紋。此器用于弩前部以承弓。

## 一九三　蟠龍紋鼎

戰國早期
通高三七·四、口徑三七厘米
山西省忻州地區文物管理處藏

蓋微鼓，上置三個圜形鈕，飾蟠龍紋。器附耳，子母口，內斂，圜平底，細高獸蹄足外撇。腹飾蟠蛇紋、綯索紋，其下飾三角垂葉紋，形成大的鋸齒狀紋帶。

（李有成）

## 一九四　綯索紋鼎

戰國早期
通高一二·五、最大徑一三厘米
一九八三年山西忻州上社村出土
山西省忻州市博物館藏

隆蓋，上置三個圜形鈕。器附耳，鼓腹，獸蹄足。蓋、器均飾兩周綯索紋。

（李有成）

## 一九五　蟠蛇紋甗

春秋晚期
通高四一・三厘米
一九八〇年山西昔陽閻莊民安村出土
山西省昔陽縣博物館藏

上甑下鬲，弇口相接。甑附耳，平折沿，束頸，弧形腹，下收成平底，底設十字輻射圓箅，下承圈足。頸、腹部均飾蟠蛇紋，用凸弦紋作界紋。鬲直口，弧腹，三柱形足，弧形襠。肩部設雙環形耳啣環。有烟熏痕跡。

（翟盛榮）

## 一九六　乳釘紋蓋豆

春秋晚期
通高二五・九、口徑一七・六厘米
一九八〇年山西昔陽閻莊民安村出土
山西省昔陽縣博物館藏

蓋覆鉢形，上置三個環形鈕。器子母口，斂口，圓腹，圜底，腹部兩側設一對環形耳。下承高喇叭形圈足。蓋飾三周乳釘紋帶，其間以寬弦紋作界紋。器腹部滿飾乳釘紋和垂葉紋。耳飾貝紋和弦紋。

昔陽閻莊民安村出土銅甗、豆、壺和虎頭短劍，紋飾、器形與晉式銅器異羕，而與原平劉莊等地出土物近似，應爲戎狄之遺物。東周時期昔陽地區屬白狄所在地。

（翟盛榮）

## 一九七　幾何紋蓋豆

戰國早期
通高二六、口徑一七厘米
一九八五年山西原平練家崗出土
山西省原平市博物館藏

蓋覆鉢形，喇叭形捉手，可却置。盤亦呈鉢形，弧壁，圜底，下承喇叭形高足。盤兩側設一對環形耳。蓋面和器腹均飾菱形、乳釘幾何紋、垂葉紋，雲雷紋襯底。蓋捉手內緣飾蟠龍紋，圈足飾蟠龍紋和絢索紋。

、李有成）

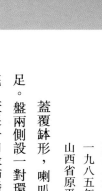

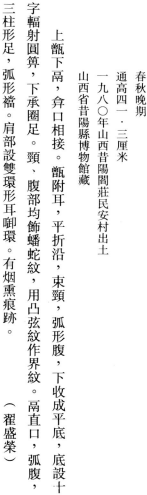

## 一九八　豆形器

戰國早期
通高二一·四、口長徑二〇·五厘米
一九八五年山西原平劉莊塔崗梁出土
山西省原平市博物館藏

蓋長方覆鉢形，較扁平，上置四個環形鈕。器呈長方圓形，子母口，壁弧圓，圜底，器壁兩短頸設一對附耳。喇叭形圈足。蓋上滿飾勾連雷紋，鈕飾綯索紋。器腹部飾勾連雷紋，上下均以雲雷紋作界紋。并飾凸弦紋、綯索紋。

（李有成）

## 一九九　弦紋敦

春秋晚期戰國早期
通高九、口徑八·二厘米
山西昔陽大寨採集
山西省昔陽縣博物館藏

斂口，平唇，束頸，鼓腹，圜底，下承三個鳥形足。腹部置一對環形耳。腹部飾凸起的兩周弦紋。此器造型特殊，用鳥形作器足，富有北方草原民族風格。

（翟和貴）

## 二〇〇　提梁弦紋壺

春秋晚期
通高三二·二、口徑一二·四厘米
一九八〇年山西昔陽閻莊民安村出土
山西省昔陽縣博物館藏

弧形蓋，中央置環形鈕，兩側有鋪首啣環。子母口，插入壺口。器侈口，平沿，束頸，溜肩，鼓腹，平底，高圈足。在肩部設雙環鈕，鏈條提梁穿越鋪首所啣之環。腹部飾兩周凸弦紋。

（翟盛榮）

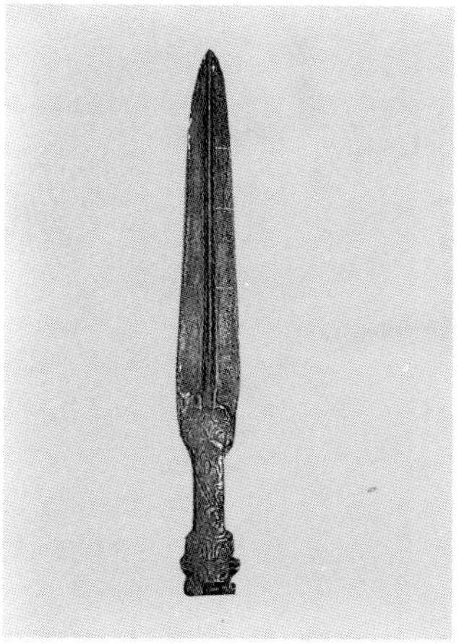

## 二〇一　單耳壺

戰國早期
通高一九·二、口徑一〇厘米
一九八五年山西原平劉莊塔崗梁出土
山西省原平市博物館藏

蓋微弧，上置三個環形鈕。器子母口，斂口，細頸，斜肩，寬腹，小平底。肩部設一單環耳。

（李有成）

## 二〇二　雲紋舟

戰國早期
通高七·四、徑一五·六厘米
一九八五年山西原平劉莊塔崗梁出土
山西省原平市博物館藏

平面呈橢圓形。平唇，束頸，弧形壁，圜底，矮圈足。腹部設一對環形耳。頸、腹部飾S形雲紋，以綯索紋爲界紋。雙環耳、圈足飾重環紋、綯索紋。

（李有成）

## 二〇三　虎頭短劍

春秋晚期
通長二二、寬二·五厘米
一九八二年山西昔陽大寨出土
山西省昔陽縣博物館藏

虎頭作柄，下承柳葉狀劍身，臘尖鋒，平弧狀，脊凸起。鋒利。

## 二〇四　鳥紋戈帽

春秋晚期
通長六·五、高二·四厘米
一九九一年山西原平劉莊出土
山西省原平市博物館藏

造型呈鳥狀，腹部中空呈橢圓形。緣部有穿。

（李有成）

## 二〇五　靴形鐏

春秋晚期
通高四·二、底寬三、口徑二·五厘米
一九九一年山西原平劉莊出土
山西省原平市博物館藏

外形呈靴形，內中空呈橢圓形。口緣飾綯索紋，口緣有穿。身飾蟠龍紋。

（李有成）

# 春秋時期中原群雄列國圖

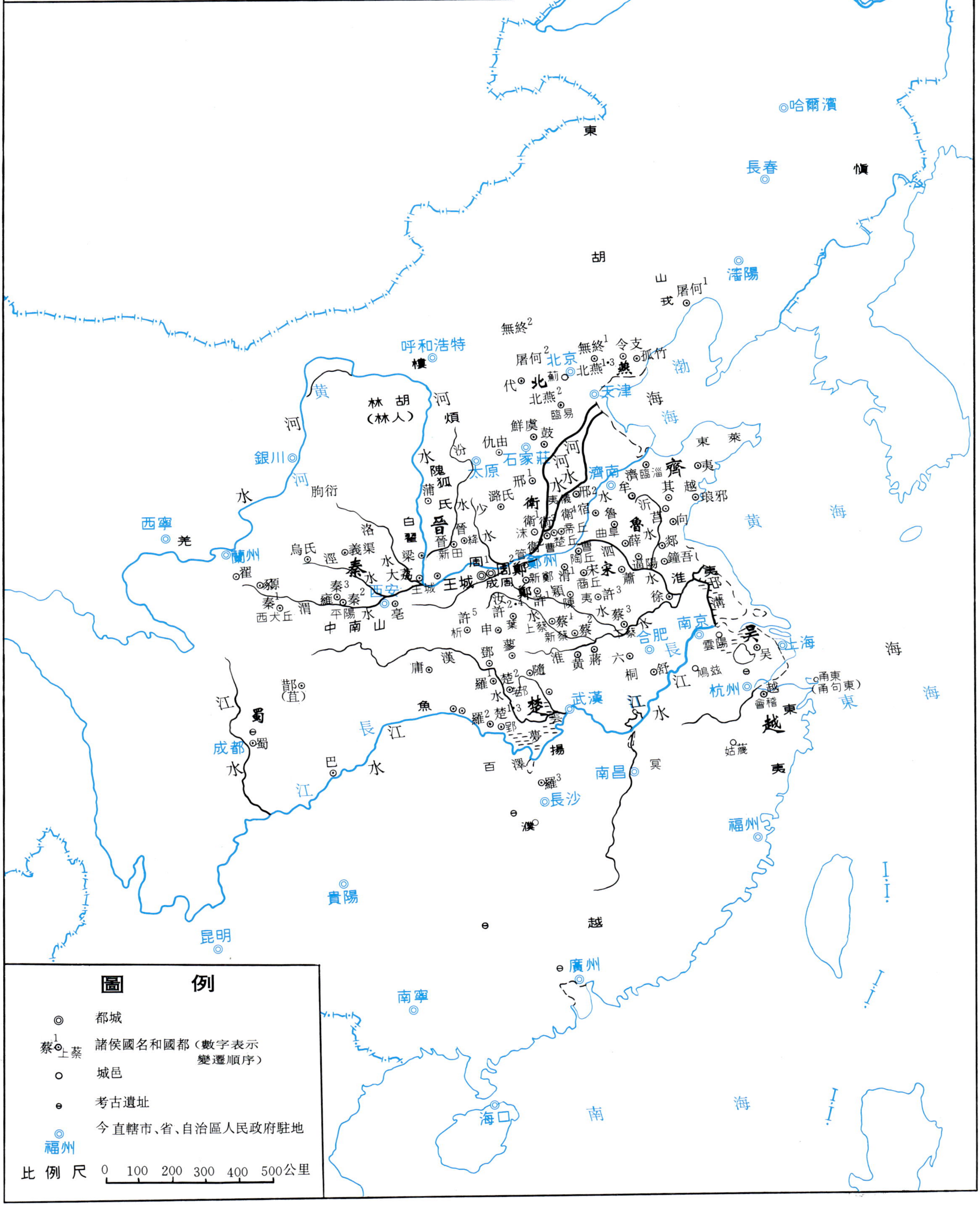

# 戰國時期中原群雄列國圖

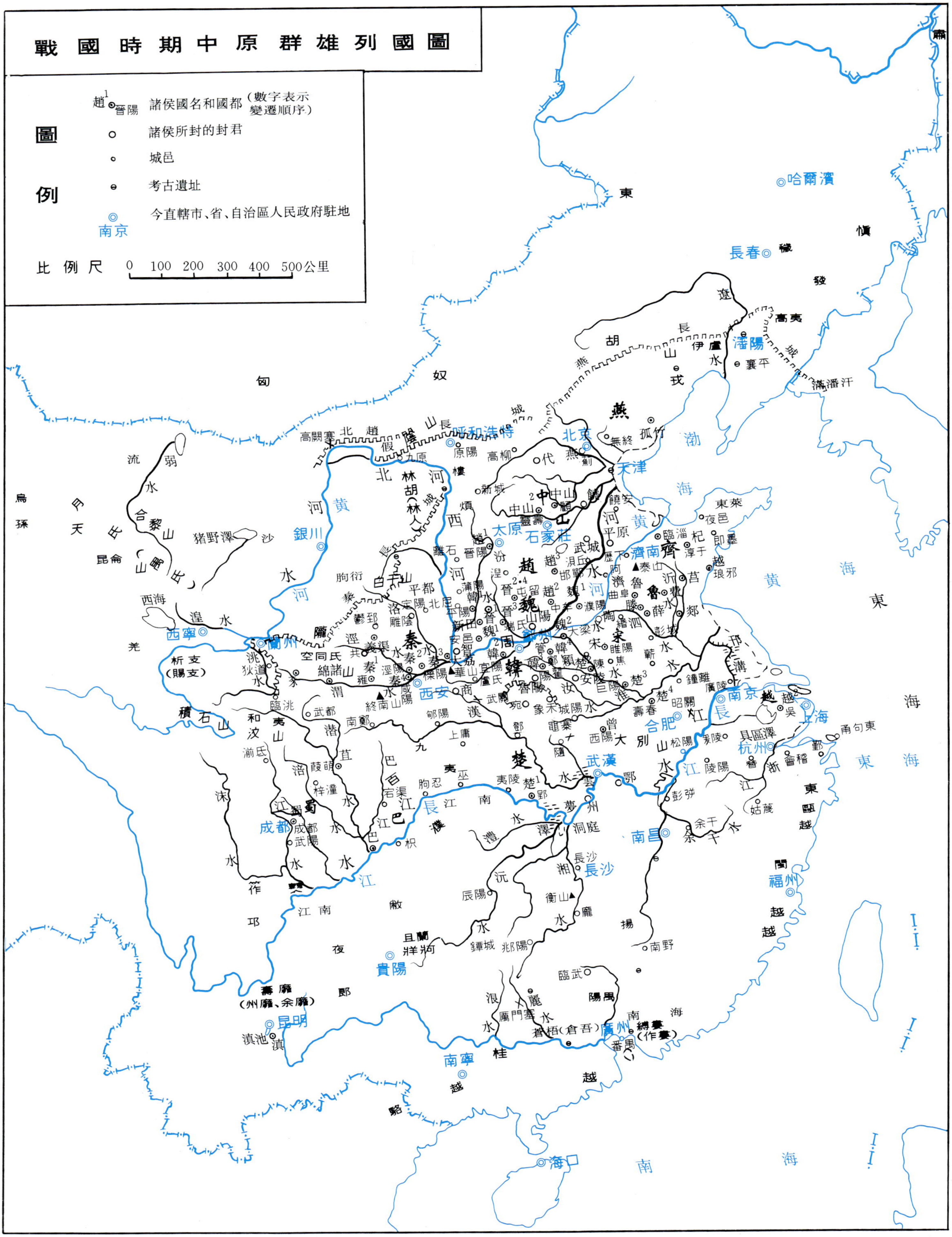

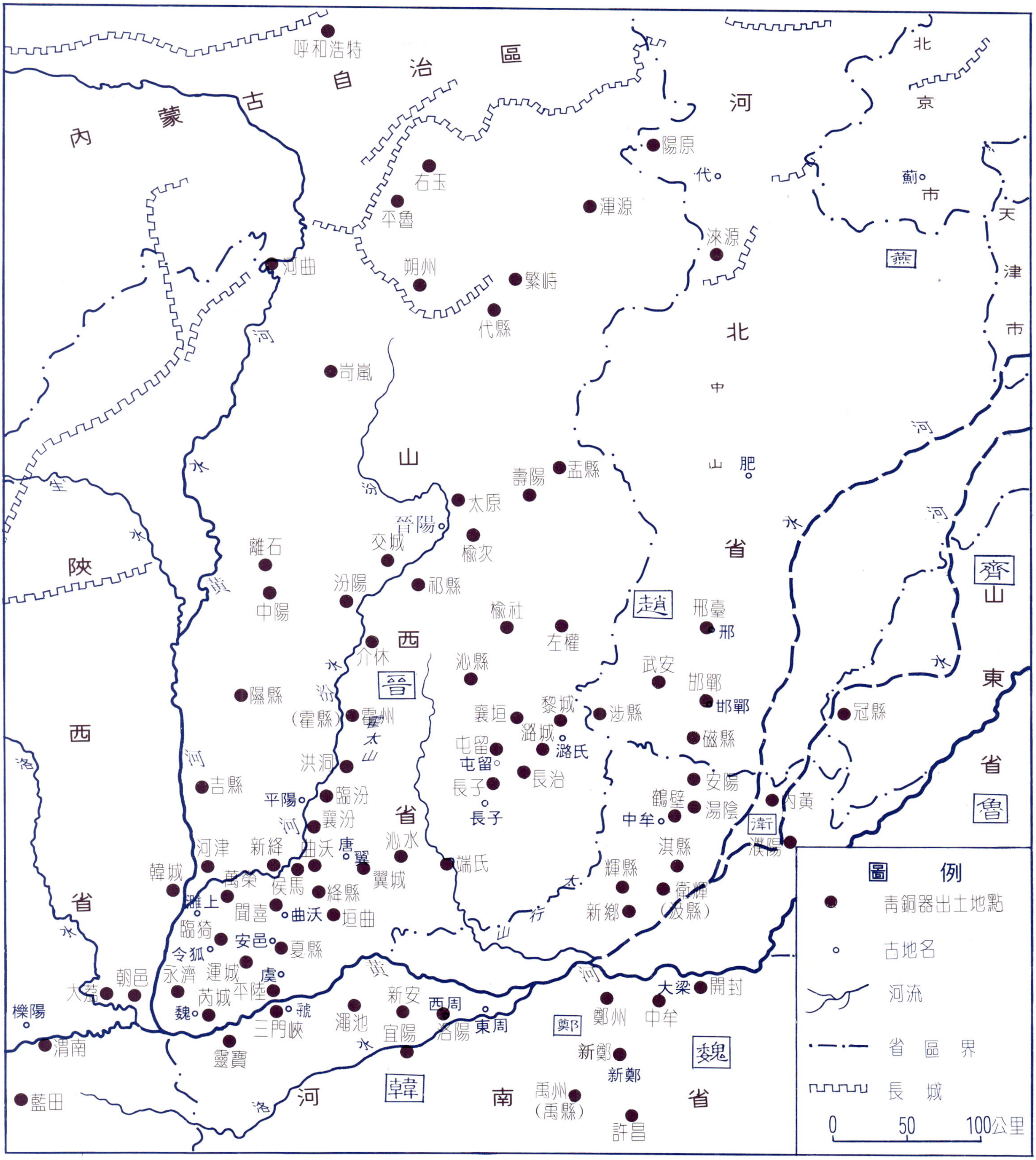


東周時期晉(春秋)韓趙魏(戰國)青銅文化分布圖

本書編輯拍攝工作，承蒙以下各單位
予以協助和支持，謹此致謝。

故宮博物院
中國歷史博物館
中國社會科學院考古研究所
上海博物館
陝西歷史博物館
河南省博物館
山西省考古研究所
山西省博物館
山西省原平市博物館
山西省榆次市文物管理所
山西省昔陽縣博物館
山西省忻州地區文物管理處
山西省忻州市博物館
山西省考古研究所平朔考古隊
山西省長子縣博物館
美國舊金山亞洲藝術博物館
美國弗利爾美術館
美國賽克勒美術館
所有給予支持的單位和人士

責任編輯　李　紅
封面設計　仇德虎
版面設計　李　紅
攝　　影　李建生
　　　　　劉小放
　　　　　梁子明
圖版説明　陶正剛
繪　　圖　邱富科
　　　　　魏淑敏
　　　　　李夏廷
　　　　　韓慧君
責任印製　劉京生
　　　　　陸　聯
責任校對　華　新
　　　　　周蘭英

**圖書在版編目（CIP）數據**

中國青銅器全集. 8，東周. 2／《中國青銅器全集》編輯委員會編. —北京：文物出版社，1995. 12
(2017. 5 重印)
(中國青銅器全集)
ISBN 978－7－5010－0855－1

Ⅰ. ①中…　Ⅱ. ①中…　Ⅲ. ①青銅器（考古）－中國－東周時代－圖集　Ⅳ. ①K876.412

中國版本圖書館 CIP 數據核字（2013）第 082721 號

中國美術分類全集

# 中國青銅器全集

第8卷　東周　2

中國青銅器全集編輯委員會編

出版發行者　文物出版社
(北京東直門内北小街二號樓)
http://www.wenwu.com
E-mail: web@wenwu.com

責任編輯　李　紅
再版編輯　智　樸
製版者　蛇口以琳彩印製版有限公司
印刷者　文物出版社印刷廠
裝訂者　北京鵬潤偉業印刷有限公司
經銷者　新華書店
一九九五年十二月第一版
二〇一七年五月第三次印刷
書號　ISBN 978－7－5010－0855－1
定價　三五〇圓